杠杆式学习

LEVERAGED

LEARNING

[加] 丹尼·伊尼 (Danny Iny) —— 著

生安锋 —— 译

中信出版集团 | 北京

图书在版编目（CIP）数据

杠杆式学习 /（加）丹尼·伊尼著；生安锋译. -- 北京：中信出版社, 2023.6
书名原文：Leveraged Learning: How the Disruption of Education Helps Lifelong Learners and Experts with Something to Teach
ISBN 978-7-5217-5574-9

Ⅰ. ①杠… Ⅱ. ①丹… ②生… Ⅲ. ①学习方法 Ⅳ. ① G442

中国国家版本馆 CIP 数据核字（2023）第 060793 号

Leveraged Learning: How the Disruption of Education Helps Lifelong
Learners and Experts with Something to Teach by Danny Iny
Copyright© Danny Iny 2018 Published by special arrangement with Ideapress Publishing in conjunction
with their duly appointed agent 2 Seas Literary Agency and co-agent CA-LINK International LLC.
Simplified Chinese translation copyright © 2023 by CITIC Press Corporation
All Rights Reserved.
本书仅限中国大陆地区发行销售

杠杆式学习
著者：　　［加］丹尼·伊尼
译者：　　生安锋
出版发行：中信出版集团股份有限公司
　　　　　（北京市朝阳区东三环北路 27 号嘉铭中心　邮编　100020）
承印者：　宝蕾元仁浩（天津）印刷有限公司

开本：880mm×1230mm 1/32　　印张：9　　　　　字数：269 千字
版次：2023 年 6 月第 1 版　　　　印次：2023 年 6 月第 1 次印刷
京权图字：01-2021-2546　　　　　书号：ISBN 978-7-5217-5574-9
定价：69.00 元

版权所有·侵权必究
如有印刷、装订问题，本公司负责调换。
服务热线：400-600-8099
投稿邮箱：author@citicpub.com

威廉·巴特勒·叶芝曾经说过一句名言，
教育不是要灌满一桶水，而是要点燃一把火。
我对此完全赞同。

谨将此书献给我挚爱的父母茹斯和马耶尔，
是他们将这个美好的火炬传递给了我；
献给我的爱妻布米，是她与我一同举起了火炬；
也献给我的两个孩子普里亚和迈卡，
我们自豪地为他们举起火炬。

目录

序言 "我决不会让学校妨碍我接受教育" V

前言 进步和教育的故事 XI

第 1 部分
为什么我们需要杠杆式学习

---

1 **为什么现代教育普遍效果不佳、代价高昂** 03
信号的出现与教育的实质 06
信号如何变成了烟雾 08
信号与实质的分离 09
教育泡沫以及由此引发的棘手问题 17
上大学的好原因和坏理由 21
自我评估 24

2 "加速时代"的教育 27

对教育未来的预测 30
美丽新世界（就在此处，就在此刻！）..... 32
为什么会出现大量的失业？ 38
当前的教育和未来的教育 46
自我评估 50

3 不断变化的学习境况 53

转变1：从实时到半同步 56
转变2：从"以备不时之需"到"现学现用" 60
转变3：从信息到转变 65
转变4：从强制到主动 70
自我评估 74

4 新教育经济学 77

历史上多的是福特，而非杜兰特 81
整合：当产业都走到了一起 88
基础教育、"最后一英里"教育和继续教育的全面整合 91
自我评估 94

5 向专家学习 97

分裂：当产业分解时 100
"最后一英里"教育和终身学习的来源 104
自我评估 111

第 2 部分
什么是杠杆式学习,如何进行杠杆式学习

6 知识:让人们更容易学习 115
为什么学习和记忆会如此困难 119
我们的大脑生来容易忘记 120
从经验之塔推断相关性 123
自我评估 130

7 洞察力:当批判性思维遇见创造力 133
去中介化、自动化和大掏空 137
高等教育矿井下的法律金丝雀 138
洞察力是一种创新 141
批判性思维:率先发现内在规律 144
批判性思考的 7 个步骤 147
创造力的神秘 149
孵化的重要性 155
自我评估 157

8 坚韧不拔:当遭遇艰难险阻时,强者何以勇往直前 159
为什么有些人会放弃? 162
为什么有些人能够继续坚持? 165
我们怎样才能培养坚韧的品质? 173
自我评估 181

9　设计优秀的课程 183

如何推出一门课程 186
学习和成功的动力 190
自我评估 197

10　杠杆式学习的 6 个层次 199

学习内容：教些什么内容才能帮学生实现他们的目标 201
有效行为：学生要想成功需要做些什么 203
授课方式：知识将被如何呈现和分享 206
用户体验：学生如何掌控学习 208
责任感：什么让你不忘初心 211
支持：学生所需要的帮助和指导 215
自我评估 217

后　记　从这里出发，我们要去向何方？ 221

写在后面　我们肩上的责任和必须抓住的机遇 233

致　谢　我们在此相聚 237

注　释 239

序　言
"我决不会让学校妨碍我接受教育"

如果你泛泛地搜索一下我的名字，题目中这句话通常会显示是我说的。我也不知道这是为什么。显而易见，我大概是在某个主题演讲中（或者在社交平台上）说过这句话。过去这些年来，这句话一直伴随着我成长，就像照片墙（Instagram）上所有的好东西一样，每隔几个月，它就会以某种方式重新出现一次。而我在此不得不（善意地）提醒大家，在我说这句话之前，在一个多世纪前，美国作家格兰特·艾伦和马克·吐温就已经说过了。不过，这句话还是相当准确地说明了我对正规教育和目前教育机构运作方式的立场。

我在学校一向很失败（在小学和中学都一样失败）。在上学期间，一大早我就开始焦虑不安，这种焦虑甚至会表现为肚子疼。我在课堂上难以专心听讲。我经常做白日梦。我只想到外面去，课堂不适合我。四五年级的时候，我记得英语老师给我妈打电话，因为我没有看完课上布置的书籍。如果我没记错的话，我们班的同学被要求读约翰·斯坦贝克的《人鼠之间》。我不喜欢这本书。于是，我东翻西找，把目光投向了J. D. 塞林格的《麦田里的守望者》。我的英语老师可能不喜欢这本书。我母亲来为我打圆场说："至少他是在读一些有意义的东西。"

我曾是一个狂热的漫画爱好者（现在仍然是！），我想我母亲之所以这么说，是因为对我没有被抓到读《X战警》或《钢铁侠》而感到震惊，而我本该读的是经典作品。时间是个有趣的东西。我想现在我们都会同意，《X战警》和《钢铁侠》确实也都是经典吧。

我一开始曾打算凑合着拿一个哲学学位。我不知道我会拿这个学位去做什么，但它在当时对我意义重大。我当时想，这是为数不多的，你只需要独自一人读读写写就能够拿到的学位之一。这听起来很完美。它符合我的个性。如果你是个内向型的人，你做事情的方式就会与众不同。你的学习方式也很不一样。事实上，不只是内向型的人这样，我们都有各自不同的学习方式。教育会受到年龄、性别、地域和其他一切你能想到的因素的影响。我们常常会忘记，正规教育基本上相当于一个缓冲器。虽然正规教育将孩子们阻隔在工作场域之外，但它常把孩子们当成流水线上的一个个齿轮。也许这并不是事实，但这就是我对学校的看法。让同龄的男孩和女孩在课桌前排成一排，让他们背诵、阅读，然后在一天结束时找出谁背会了、谁落后了。哦！我的焦虑和肚子痛又来了。

再说大学时代。我大学第一年的经历也有点儿不光彩。那时候，我已经在为一本摇滚音乐杂志工作。那是一份全职工作，我很喜欢它。有关这方面的背景，如果你看过电影《几乎成名》(Almost Famous)的话，那（基本上）就是我那时的人生实况了。我17岁的时候找到了我的第一份职业——（有报酬的）记者。我采访了莫特利·克鲁乐队的汤米·李，就像我常开玩笑说的那样，从那以后我就开始走下坡路了。我的日常工作包括组织对音乐家的采访，为杂志销售广告，确保印刷厂为下一期杂志做好准备，与杂志的经销商、平面设计师交谈，与我的业务部门打交道，等等。在晚上，你通常可以在演出、演唱会或类似的活动中找到我。我要如何在完成大学学业的同时，完成这个摇滚梦想（和创业项目）呢？

后来，我的项目濒临失败。我也不想伤了父母的心。是时候和他们坐下来好好谈谈了。在与父母短暂地交谈之后，母亲用所罗门的智慧结束了谈话。我在这里说的不是原话，但她那时的评论大意是这样的："你可以随时返回学校，但你只有一次见证这个音乐杂志事业走上巅峰的机会。"我们说好了，如果音乐杂志出版不成功，我就回学校。第二天我就退学了，而且再也没有回去。

大约在那个时候，我又重新开始接触武术（我在高中时代就接触过功夫）。在这段时间里我非常认真地进行了武术训练。这不是传统的武术，而是一种现代近身格斗术（又名街头格斗）。我的教练托尼·布劳尔是我的好朋友，他从研习自卫系统开始，成为世界上最出色的近距离格斗教练之一。托尼不但武艺高强，还是一个嗜书如命的热情读者。他认为，搏击是90%的心理战斗和10%的身体战斗。这就意味着他要花大量的时间通过学习和阅读来了解人类和人性。他的办公室（和家里）四面都是书籍。这就是经典的禅宗思想，对吧？要像一只空杯子一样，永远做学生，永远要学习。我会浏览他的大量藏书，并（在他的许可下）把他的办公室和家当成我的个人图书馆。大约在同一时间，我的一个雇主要给我一本汤姆·彼得斯的《项目50》(The Project 50)。我拒绝了。坦率地说，我以为自己已经厌倦了商业书籍或教科书或任何看起来像"教育"人的书。当我读到《项目50》或丹·米尔曼的《和平勇士的智慧之道》(Way of the Peaceful Warrior)这样的书时，我的人生就发生了改变。等等，商业书籍不一定是无聊的？我怎么没注意到这一点？！

　　书籍就是教育者。书籍是我生活中的重要组成部分。那么你的生活呢？不光是书，大约在这个时候，互联网出现了。这对我来说是一次令人瞠目结舌、改变人生的经历。我有了更多的东西可以阅读和学习（而且大多是免费的！）。这场网络革命从各方面改变了我的生活。在过去的20年里，我看着互联网从网络文章汇集的世界，变成了每个人（包括你在内）都可以从中深度学习和创新的空间。

　　学校不再只与学位和课堂有关。就在今天，我在公园里和几个本地的家庭一起度过了一个美好灿烂的夏日。一个看上去精力充沛的投资人向我询问关于区块链的事情以及这一切意味着什么。这位投资人想知道她可以到哪里去了解更多这方面的信息。视频网站优兔（YouTube）？在线教育平台 Skillshare？阅读唐和亚力克斯·塔普斯科特的书《区块链革命》（*Blockchain Revolution*）？还是去听大量的关于该主题的播客？关注、订阅一些受人尊敬的行业新闻通讯？参加相关会议？总会有一些学习的方法，但只有当你全身心地投入对自己的教育时，你才能真正学到东西。

选择权在你。本书就是你的指南。丹尼把"学习"在当下的真正意义汇聚到了一起，并且更进一步，展望了未来。这本书让我不由自主地停下来，追踪我在我的职业生涯中寻求知识、寻求各种成长机会的种种方法。而我所了解到的是，在各种有趣的学习领域里，有各种各样出类拔萃的老师。我们所需要的，只不过是找到他们、参加他们的课程并学会运用学习材料中的问题（这也是最难的部分）。

那么，作为学习者，作为教育者，作为企业的领导者……你应该从哪里开始呢？就从这本书开始吧。拿起一本书，订阅一个播客，参加一个在线课程（你如果不知道去哪里找，就在社交平台上发布信息，或者直接问丹尼）。时代变了，世界上的各种知识就围绕在我们身边。你不再需要被大学录取就可以学习新知识，这意味着大学学历不再像过去那样是雇主借以判断的重要依据。拿不到大家都在谈论的哈佛 MBA（工商管理学硕士）学位？为什么不考赛斯·高汀的在线研讨会 altMBA

（然后告诉我哪一个正在培养明天最好的领袖）？

不要让学校妨碍你接受教育。

米奇·乔尔

Six Pixels 集团创始人

蒙特利尔

2018 年 7 月

前　言
进步和教育的故事

　　土豚是什么？人类登上月球是在什么时候？维苏威火山在什么地方？

　　在我小时候，我会从《世界百科全书》(*World Book Encyclopedia*)中寻求这些问题的答案。这部百科全书外面用红色皮革装订，金色页边，是我们全家珍藏的宝贝。我会从书架上抽出想看的那一卷，快速翻阅书页，希望能够找到我想查找的条目。然后我就开始急切地阅读，搜寻我所需要的有趣的信息。

　　依 20 世纪八九十年代的标准来看，《世界百科全书》绝对是很棒的资源，但在今天这个有谷歌、Siri（苹果智能语音助手）和维基百科，以及不计其数争相为你提供即时信息的工具的时代里，我曾经十分信赖的《世界百科全书》也就很遗憾地落伍了。

　　我们这个新世界是一个技术支持的、几乎无所不知的世界，它已经彻底改变了我们对理性期待和非理性期待的看法。

我们已经度过了对技术与速度感到敬畏和惊奇的阶段，甚至已经度过了真心欣赏我们的口袋神器（手机）的阶段了。现在我们只期待它能即时告诉我们所需的信息，一秒钟的缓冲延迟或者偶然让 Siri 不解的问题，都会让我们感到困惑甚至恼火。

我的朋友，这，就是进步的故事。

进步的故事：从"太奇妙了！"到"你是在开玩笑吧？！"

事情开始于一种变化，这种变化使我们能够完成那些先前只有在奇幻或者科幻小说中才有可能完成的任务，想想莱特兄弟于 1903 年就证明动力载人飞行是可能的，或者尼尔·阿姆斯特朗于 1969 年登上月球。

但这种惊奇的感觉没能持续多长时间。我们会逐渐适应！很快，惊奇就会被欣赏和欲望取代。对于那些曾经让我们惊奇的事物我们已经习以为常。它只是我们可选范围中最好的选择，我们需要它，也负担得起它。第一次世界大战时期的商务空中旅行，20 世纪 70 年代末、80 年代初的个人计算机，90 年代的手机，过去 10 年间的电动汽车——这些都曾一方面在技术与便利性上让人们惊叹，另一方面又是奢侈和地位的象征。

进步势不可当地继续昂首前行。原先的"一流"逐渐变成了"好"服务的基线。对我们来说，它们就像是牌桌上的筹码，只有当它们减少时我们才会注意到。我们所能想到的公共设施服务费几乎都可以成为说明这一点的好例子，就像电费、室内管道维修费、电话和手机服务费，以及基本的互联网使用费等。我们不会为一个装备了电力和室内管道的完整的家而感到惊奇，却会因为厕所堵塞或者因为我们一启动家用电器保险丝就会烧坏而大动肝火。

最终，起初崭新光亮的电器都逐渐老化、失去了原来的光泽。这些东西尽管早就应该被扔进垃圾堆了，但一直伴随着我们。面对它们，我们会说："真的吗？你是在开玩笑吧？！"不论是愚蠢的政府官僚机构，还是每天收你15美元上网费的旅馆，抑或是机场卫生间里对你的伸手动作毫无反应的坏了的水龙头……它们之所以还留在那里，只是因为没人来修理故障或者换掉它们，而我们也都知道这其实只是时间问题。

这就是进步的故事，教育的故事也是如此。

"不可能"

"令人称奇"

"确实不错"

"期待之中"

"你是在开玩笑吧？！"

现代教育的兴盛与衰败

现代教育起始于11、12世纪的欧洲[1]和17、18世纪的北美洲[2]。从那时起，从教育的消费者（包括所有种族和社会阶层的男人和女人），到提供教育的各种机构（这里不仅包括世界各地成千上万所被认可的大学，也涉及基础教育、继续教育、高管教育、选择性教育、在线课程等），有关教育的一切几乎都发生了极为显著的变化。

但是，最重要的事情仍然没变，那就是，你得到承诺，在毕业时你可以获得更美好、更成功的生活，并且也期盼着通过教育过上更棒的生活。不论是哈佛大学所颁发的第一个官方毕业证书、现代时期的本科毕业证书和学士学位证书，还是一所知名院校颁发的硕士研究生学位证书，抑或最近几十年间出现的大量其他替代性和补充性的教育证书，你为了获得它们而报名入学（以及这些院校的存在）的核心前提就是：用你的时间和金钱换取这些院校提供的经验和证书，而这种交易将使你更聪明、更富有、更快乐，或者说，使你比原来的你更加出色。

按照这个标准来衡量的话，教育已经取得了很大的成就。曾经的教育只是贵族精英的专利，但20世纪却见证了数量激增的民众渴求借助一纸大学文凭，去开创坚实的事业，过上舒适的中产生活的情形。有那么一段时间，教育确实也给予了人们坚实的事业和中产阶级的生活。大学学位曾经确实是通往成功之门的金钥匙。如果你能幸运地得到它，你就会知道：它所带来的终身利益将远远超过你为其付出的金钱和时间。

在很长一段时间内，这都是事实。但就在从20世纪到21世纪转换的某个时间节点上，情况发生了变化。

教育没能与时俱进

一方面，教育没有追上瞬息万变的世界，它声称为我们打好基础，但许多当下最炙手可热的职业在15年前却闻所未闻。[3]另一方面，教育的普及弱化了个体差异，如果你是应聘者中唯一具有大学文凭的人，那么你便有了很大的优势。但若应聘者人均持有同等学历，单凭文凭你已难以脱颖而出。至于其他原因，我们会进一步探究。传统教育不再像从前那样为我们铺平职业的道路，在本书写作期间，绝大多数（没错，绝大多数）近期毕业的美国大学生要么处于待业状态、要么被低聘，[4]就算那些步入工作岗位的也只有1/4的人在做与他们所学专业相关的工作。[5]

> 传统教育不再像从前那样为我们铺平职业的道路。

这些令人失望的回报与快速增长的教育成本以及毕业生必须背负的沉重债务形成了鲜明对比。在我创作本书时，美国大学毕业生的平均债务是30 100美元，[6]这甚至还不包括上学和不全职工作的机会成本。

因此，面对现代教育的微薄回报和毕业生肩上背负的沉重债务，再加上预计再过10年，每年大学学费将增长至超过6位数，[7]唯一合理的反应是："真的吗？你是在开玩笑吧？！"

> 你要让我拿3万美元和我生命中的4年美好时光去换取未来极有可能找不到工作的生活？你是在开玩笑吧？！

这不仅是大学的问题，也是人生的问题

上大学的成本太高，而回报极低是多方面的问题，这不只关乎大学，往深处看，人们将读大学视为通往成功和地位上升的途径。就在几十年前，发达国家还将"只要你努力学习并且获得学历，你就会前途光明"视为实现这些目标的金科玉律。

可情况逐渐发生了变化，尽管本科和硕士毕业生的收入的确大大高于同龄人的平均水平，但撇开那些常春藤名校等顶尖学府[8]以及少数有固定职业发展方向的专业[9]（如工程、计算机科学、医学等）不说，毕业生之间的差距迅速缩小。大学毕业生喜欢扎堆到人口密集的大城市，因此数据会更加失之偏颇。那儿生活开支更高，因此工资也更高。大批背负贷款的大学生在毕业后，批量涌入高利润却不太心仪的行业，例如，咨询服务业、投资银行业等，这就是为什么闯入者在短短几年内就会精力透支的原因。最重要的是，毕业生收入数据大多源自自愿上报，因此统计结果大大偏向那些工作优越、对此津津乐道的毕业生！

在社会中，我们想当然地把大学文凭当成就业的通行证，但数据显示并非如此。如果你把所有这些因素都考虑进去，你会发现不同人一生的收入差距是很大的。这让许多人觉得意外，他们对大学投资回报的印象是几十年前形成的。可今时不同往日，获得学位不再是进入职场的先决条件。在快速增长的成本面前，你即便不是金融天才，也能算出这项投资其实并不划算。

倘若大学文凭并非通往美好人生的黄金门票，那么什么才是呢？近几十年来，一系列教育的替代选择相继涌现出来。有些试图替代大学教育，有些试图弥合大学学位与良好就业之间的差距，还有些则被当作传统教育的补充。以下是几种可供现代学习者选择的教育形式。

- 重新包装的大学课程，如 The Great Courses、像 Coursera 一样的免费大规模公开在线课程慕课（MOOCs），以及哈佛大学/麻省理工学院的合作项目 edX。
- 编程集训营，例如 General Assembly。
- 大学和私立机构提供的继续教育或高管教育项目。

- 社区中心提供的休闲课程。
- 信誉和地位存疑的营利性大学。
- 来自 CreativeLive 和 MasterClass 等网站的名师课程。
- 企业内部的培训中心和"大学"。
- 在线自学学习程序、应用程序和软件。
- 从优兔到可汗学院（Khan Academy）等网站上的补充教育视频。
- 由个别专家在 Udemy 和 Udacity 等教育市场上讲授，或私下在自己的平台上讲授的在线视频课程。

这样的例子不胜枚举。但这些选择会给我们带来怎样的效果呢？

> 再也没有一个地方可以像曾经的大学那样让我们变得对社会有价值并受到社会的重视了。

总的来说，虽然学习效果参差不齐且令人失望，但其中仍不乏亮点，我们将在本书中做进一步的探讨。从整体上看，教育的形式是零散的、低效的，且价格昂贵，人们付出了很多却收效甚微。破碎的大学体系是一个突出问题，它代表了全球 4 万多亿美元教育市场的近一半份额。[10]然而，不只是大学，整个教育市场都已经出现了问题。

从根本上说，再也没有一个地方可以像曾经的大学那样让我们变得对社会有价值并受到社会的重视了。这让我们倍受打击，也痛心不已。

在一个失衡的教育世界里，我们满盘皆输

目前的教育失衡极其严重，这让我们中的许多人受到了伤害。

最为明显的是，那些拿到学位的毕业生难过地发现，学位几乎没有市场价值，迫于生计，他们只好先当起了星巴克的咖啡师或者网约车司机。

教育失衡也连累了负债总计高达 1.4 万亿美元的学生。[11] 对那些负债数字还在累计增加的学生来说，因上大学而产生的债务与信用卡债务不同，你甚至不能宣布破产，也不能摆脱因自己青少年时期的某个错误决定而带来的终身后患。

教育失衡让那些求贤若渴的雇主感到无奈。教育没有为求职者打好基础、传授好的技能，单在美国就有超过 600 万的岗位空缺。尽管有近 700 万美国人正身处待业和求职状态。[12]

教育失衡让那些尝试用替代方案的学习者疲惫不堪。他们浪费大量的时间和金钱奔波于各种不尽如人意的选择之间，比如慕课课程（其最高完成率仅为 15%），[13] 各类高校创办的高价成人继续教育项目，还有师资良莠不齐、私人开设的课程等。

教育失衡也让教育者压力倍增。他们信誓旦旦地为学生描绘了光明前景，但就算竭尽全力，他们也无法克服教育体系本身的惯性、应对其带来的挑战。

我们都受到了出现故障的现代教育的伤害，它无法再为我

们迈向成功保驾护航。因此我们需要一个确切的解决方案，而不只是像急救创可贴一样的办法来敷衍了事。

谢天谢地，这种方案已然存在，这也是本书要讲述的内容。

有效教育

在考虑如何解决之前，我们需要弄清问题是什么。

对"有效教育"的解读因人而异，其含义大相径庭。它与证书、学位和文凭有关吗？是否与校友网络、学生生活有关？是否关乎学生经历和满意度？是否关乎课程和专业？能力素质和学习目标？就业前景和投资回报？

就我们的目的而言，"教育"和"学习"在某种程度上可以互换使用。就计划好的经历来说，我们都渴望它能成为实现任何工作预期、经济回报、职场晋升、社会贡献和个人成就的捷径。如果教育经历无法帮助我们节省时间、节约金钱或降低风险，那么我们不要它岂不更好！

教育"有效"意味着什么？它意味着教育成果能得到保障。也就是说，它要对大多数或所有的学生有用，而不仅仅是少数人或局外人。一些成功了的学生也恰好上过顶尖学府，这并不足以说明教育的有效性。有些人尽管教育经历不怎么样但也非常成功，还有一些人通过自主学习或创业等其他途径获得了成功。只有少数人和局外人取得了成功，这说明他们的成功与教育无关，而不是因为教育他们才得以成功。

我们不能（也不会）满足于那句老生常谈，即教育就是将思想从老师的笔记上传递到学生的笔记上，不经过任何一方的大脑。是的，我们必须传授知识和相应的技能。这是一个很好的开始，但只是我们成功的三个关键驱动力之一。我们还必须培养有意义的洞察力，平衡各种情感，培养坚韧不拔的品质，这需要通过教育以及终生实践来达成。

这一切也必须以极具成本效益的方式来完成，也就是以不让银行破产，不让任何人背负沉重债务，不通过承诺要求投资的方式来完成。

我们应该拥有（也应该得到）行之有效的教育，这是理所当然且不言而喻的，只可惜它离我们现在的世界还很远。

所以为了打造行之有效的教育，还有很多问题有待我们探索……

本书讲了什么

本书专为两类人撰写：终身学习者，我认为终身学习不是一时的激情或娱乐消遣，而是现代社会的需求；努力向人们提供终身教育的教育工作者和教育专家们。当然，我们很多人同时属于这两类人。

在本书的前半部分我们将解决的首要问题是：为什么教育不起作用了，以及哪些东西需要改变。我们将用5章对此进行探讨。

1. **为什么现代教育普遍效果不佳、代价高昂**——这与教育信号和泡沫有关，同样也关乎教育的实质，对高校及其毕业生有着可怕的影响。

2. **"加速时代"的教育**——探索我们的世界如何变化（思考人工智能、自动化、智能家电和自动驾驶汽车）以及我们必须具备什么样的教育才不会落伍。

3. **不断变化的学习境况**——这里我们将探讨4个主要的转变，它们正在改变我们消费教育的方式。

4. **新教育经济学**——这项研究将为我们揭开今天高等教育被金钱束缚的根源，以及我们翘首以盼的教育未来将从何而来。

5. **向专家学习**——最后，我们将探讨经济和教育需求，这些需求使我们看到在现代社会中哪些机构和组织会为我们提供继续教育。

可以板上钉钉的是，昔日的教育无法为我们走向明日世界做好准备。那就让我们卷起袖子，挖掘可以引导我们的正道。从人类所学的艺术和科学入手，探索教育有何影响，如何生效，在哪里闪耀，以及为何会偶尔失灵等。然后，我们将重点讨论与教育的创造者和提供者特别相关的一些问题。

6. 知识：让人们更容易学习——这与记忆和技艺相关。我们将探究它们为何如此变化无常、难以捉摸，以及如何加速和缩短学习的过程。

7. 洞察力：当批判性思维遇见创造力——我们将深入探讨什么是洞察力，它为何如此难以言喻，以及如何培养洞察力。

8. 坚韧不拔：当遭遇艰难险阻时，强者何以勇往直前——坚韧是强者面对困难时仍保持前行的秘密武器。我们将探讨为何许多人要学会走捷径，以及用什么来打造更好的设计和成果。

9. 设计优秀的课程——我们将从讨论学习的艺术和科学转变为探索实际操作的过程，以打造出满足现代学习者需求的课程。

10. 杠杆式学习的6个层次——这些是构建顶尖学习体验的组成部分，包括你们将要学习的内容、需要贯彻的有效行动、需要执行的授课方式、需要创建的用户体验，以及你们要履行的责任和将提供的支持。

所以，是的，我希望用本书做很多事情！不过，像任何雄心勃勃的努力一样，这暂且只是我个人的美好希冀。

方向正确，好过目标精确

坦诚说来，刚才提到的每一个话题内容都非常丰富，颇具价值。每一章甚至都可以扩展开来，写成一整本甚至好几本书！

但本书并不是那种学术研究型的书。我不是学者，不是研究员，也不是记者。我是一位教育者和一名企业家，一生都对教育爱恨交加。我高中辍学，之后重返名校获得硕士学位。我建立了一家教育公司，这并非因为我有学位，不管有没有学位我都能建起这家公司。我还有一项教育规划方面的事业，它确实让我的学生的人生际遇发生了变化。本书中记载了我一路走来的经验教训。虽然本书在研究方面做得很充分，但它更注重务实而非学术研究，旨在帮助读者走向正道，选择正确的方向，运用有用和及时的方法，而非多年来力求精确、学术规范却难以用到实处的那些知识。

基于这个原因，本书以相当宽泛的笔触论述了教育的世界。我会重点关注高等教育，包括管理教学和成人继续教育、职业培训、个人独立授课和在线课程，以及介于它们之间的一切。虽然本书的重点不在于基础教育（既是因为这不是我所擅长的领域，也是因为过多的监管限制致使我们想要在这一领域做出任何有影响的举措都格外艰难），但我也会在书中提及我们了解到的孩子应如何学习方面的经验。

你可能会发现，本书让人感觉有点儿美国中心主义。我知道，如果你来自世界的其他地方（我就来自加拿大蒙特利尔），这可能会引起你的反感。之所以以美国为中心是因为其具备有效可用的数据，包括教育成本和激励机制等相关数据，这使得美国教育系统在某种程度上成为一个领先指标，即在美国教育系统发生的变化，不久之后也将在世界其他地方发生。简单地说，虽然美国的教育成本十分昂贵，但纵观整个现代世界，教育的机会成本与它的真正价值都难以相称。

科幻小说作家威廉·福特·吉布森曾说过一句名言："未来已经来临，只是尚且分布不均。"因此，即便我的一切分享都有研究证实，所谈也确切属实，对某些情境或对某些人群来说它可能会显得更为真实。因此，我的断言在所有情况下是否绝对正确并不重要，重要的是我的论点是否方向正确。经验表明，忽视这一点将会导致钱财和时间的浪费，对所有那些消费教育的人都将不利，甚至会误导那些试图提供教育的人，使他们误入歧途，痛失良机。

所以，在阅读时请注意留意这些观点在你的周围是如何呈现的，而不是急于反对。本书或许会挑战长期以来你坚信不疑的一些东西，请多担待，我在这里提前感谢，并祝你阅读愉快！

第 1 部分

为什么我们需要杠杆式学习

1

为什么现代教育普遍效果不佳、代价高昂

当你来到一座新的城市时，你会如何挑选外出就餐的地方呢？如果时间充足，金钱充裕且有意向，你大可花上几周甚至数月的时间流连于大街小巷，尝遍各类美食，甚至写出一本关于当地美食分布的百科大全。但如果你急着要为一个重要的晚宴预定地点，没有试错机会呢？这时，你需要走个捷径，所以你求助于点评网站 Yelp 或者 Zagat。其中的顾客评价和打分评级都是餐厅价值的参考信号，我们完全可以依靠它们来选定心仪的餐厅。

人类在心理上天生依赖信号，这不仅表现在餐饮习惯上，也体现在生活的各个方面。当你告诉我可以放心过马路时，我应该信任你吗？我应该听信你关于如何治疗顽固性头痛的建议吗？如果你分别穿着警官制服或医生的白大褂来做指示，回答这些问题就容易多了。

虽然信号有时会受人操纵，但大体来说它们对我们十分有用。毕竟，只有受过警察专业训练、肩负起服务和保护人民的职责的警察，才有资格穿上警察制服。虽然人人都能弄到一件医生的白大褂，但人们的既定印象是：穿白大褂的医生必定是上过医学院、能履行医职使命且发誓绝不危害生命的人。同样,餐厅评论在回答评级网站上的相关问题时大抵也反映了真实的食品质量、餐厅服务和用餐体验。

信号是种捷径、启发方法,也是经验法则。当我们亲力亲为地去调查事物显然不切实际或者成本太高时,信号能助我们在各种场景中做出正确的决定。

那么这一切与教育又有什么关系呢?很简单,教育就类似于餐馆的点评、警察的制服、医生的白大褂,都是一种信号。

信号的出现与教育的实质

> 信号来源于实际。

某物是一个信号,并不意味着它没有其内在价值。信号来源于实际。在评论反馈之前,餐馆就已经提供了美味的食物。警察在穿上制服和佩戴徽章之前就已经发誓要维护法律秩序了。医者在穿上白大褂前,就已开始为患者的健康不辞辛劳地忙碌了。

教育和学位也是如此。首先,社会需要有知识、有技能的人,然后教师和学校开始传授知识和技能。接下来才出现了授予毕业生的学位证明,表明他们掌握了这些知识。例如,哈佛大学从成立之初到颁发第一张被人认可的学位证书,历经多年。这不无道理,若非哈佛大学已大名鼎鼎、受人敬重,他人怎会对哈佛授予的学位证书如此赏识和重视呢?

这就引出了一个问题,"哈佛"这个信号代表着什么?或者，就这一点而言，现代世界任何受尊重的教育成就意味着什么？答案有很多，它可能意味着知识和技能。例如，如果你有法学、医学或工程学学位，那么我相信你拥有这一领域相关的知识。但不要忘了，大学毕业仅仅标志着你拥有进入某一行所需的基本的心智能力、奉献精神和工作意愿。

但那只是开始。文凭也表明你曾经属于一个不错的组织并拥有相关的社交人脉。此外，你还有足够的个人财富、人脉关系或各种资源来支撑起这些经历。这些信息都能够说明有关你个人背景和成长经历的一些情况。

学位证书

我证明 约翰 聪明、刻苦、家境殷实、出身很好，对他所学的一切都略知一二。

所有的一切都通过一纸文凭传达出来。难怪教育被当作是通往美好生活的一把金钥匙，也难怪众人对其如此渴求！这种渴求拉动了供需经济，把教育成本不断推高，甚至使其高到了一个难以持续的地步。

但真正的问题并不是教育花费高得离谱，这只是使其恶化的一个因素而已。真正的问题是教育作为信号标志的价值正在不断被腐蚀。

信号如何变成了烟雾

　　信号可能会失去意义。当一家餐厅意识到在线评论对生意兴隆至关重要时，会发生什么？想必该餐厅会不惜一切代价来获得称赞和好评！明智的餐馆一定会受到触动从而努力提升它们的食物和服务质量，而不诚实的店铺可能会自作聪明地诉诸一些伎俩，比如在克雷格（Craigslist）分类广告网站上让朋友、家人或水军来刷好评，以冲高店铺的评分。

　　那么，如果网站审查者注意到商品的好评来源呢？他们是否会推出一项新的高级评论标准，餐厅进而继续花钱雇专门的评论员用餐并发布对自身有利的评价呢？如果这么做有用的话，这项付费服务成本是否又会继续上升呢？一段时间后，这将又是个人人趋之若鹜的市场，人们都会尽其所能参与其中。这无疑成了一个引发灾难的隐患，因为曾经有物质支持的信号已然成了虚无的烟雾。

　　信号的好坏取决于它们的预测能力，取决于是否能帮你做出正确的决断。这种预测能力会被一些因素削弱。首先是这种信号是否普遍存在。如果每家餐厅都有上百条五星好评，那么这些信号也就无法帮你从中区别优劣。当万圣节的街上四处是穿着白大褂、戴着听诊器的人时，对于他们的医嘱你就要三思而后行了。同样，1900年出生的男性中只有5%的人拥有大学学位。[14]在当时的简历上，名字后的学术头衔可谓是一项绝对优势，但在当今世界上，近40%的美国适龄工作者都拥有大学学位，[15]这些学术头衔的价值肯定不如往昔了。这就是"学历通胀"的根源，学位成了越来越多工作招聘的先决条件，尽管拥有这些学位的人有可能并不足以胜任这些工作。[16]

比普遍存在更糟糕的是与实质内容的脱节。让我们回到餐厅的例子，当公众已转向追求慢火细炖的烹饪方式和良好的用餐体验时，一个仍然集中于评价服务速度的评级网站会怎样呢？单就内容来看，这些评论可能是准确有效的，却与用户需求不再相关。同样地，现如今以及未来的工作环境与教育曾经代表的实质也已经完全脱节了。

> 现如今以及未来的工作环境与教育曾经代表的实质也已经完全脱节了。

信号与实质的分离

多数大学仍旧采用讲座的形式，这对多数学生来说并不是最为有效的学习形式。[17]一部分原因是，为求达标带来的保守性让重新编排满足现代需求的课程变得尤为困难。还有一部分原因是，大多数课程开发人员和指导者并非实践者，所以他们甚至不知道现代教育真正的需求是什么。再有一部分原因是终身职位，这使得学者把热情放在他们的特定主题上，而不是有迫切市场需求的领域。还有很大一部分原因是多数大学课程是由教师设计的，也服务于教师自身；而 MBA 类课程是由大企业设计的，也服务于大企业自身。这两个群体并非占据我们经济体系和就业市场主体的中小型企业。

这种毕业生个人和经济整体的需求不协调的情况在某些情形中尤为明显，毕业生为获得有些学位而学习的内容在任何工作中都不需要，但有了该学位，毕业生就可以满足"需要本科学历"的要求，尽管它与实际工作毫不相关。这些非就业导向的学士学位，比如文科学位，甚至是商科学位，如果不向着会计、咨询或投资银行等行业的职业路径发展，学生为获得学位而学习的知识在职场上就会变得毫无用处。用这些东西去应对工作就像拿鞋去钉钉子一样，也许勉强能用，但绝非完成该工作的最佳工具。雇主其实也明白这一点。

2017 年 4 月快速就业网（Express Employment）在进行年度调查时，要求雇主对做出雇用决定时考虑的 20 个因素进行排名。与过去几年的结果一致，排名垫底的仍是教育。[18] 这可能令你感到惊讶，然而美国教育部 2005 年进行的成人读写能力研究发现，大多数美国大学毕业生无法比较和区别两份报纸的社论观点，其中 14% 的人只能达到基本读写水平，这只够阅读为小学生编写的书籍。[19]

同样，纽约大学的研究人员理查德·阿鲁姆和乔西帕·罗克萨发现，45% 的学生在大学前两年里，其批判性思维、复杂推理能力和书面表达能力等只表现出"极小的"进步,或"基本没有"进步。36%的学生在整个四年中毫无进步,"他们也许能如期毕业,却没能掌握大学生应该具备的高阶认知技能"。[20]乔治·梅森大学经济学教授布莱恩·卡普兰这样说:

> 他们也许能如期毕业,却没能掌握大学生应该具备的高阶认知技能。

> 人力资本纯粹主义提出了一个简单的解释:教育之所以有回报,是因为教育普及众多有用的工作技能。这是一个吸引人的故事……但假如你一直盯着学校教什么、学生在学什么,你就知道成年人会什么。那么,人力资本纯粹主义看起来不仅言过其实,而且有歪曲事实的嫌疑。学校教的大部分东西在劳动力市场上都没有什么价值。学生没学好老师教过的大多数知识。成年人则忘了大多数所学的知识。当你提到这些尴尬的事实时,教育家就会告诉你:学任何东西都可以让你变得更好。千万别在意那些教育家通过一个世纪的研究所揭示的所谓的奇迹,那不过是安慰人的神话而已。[21]

这种糟糕的状况至少是造成了最近毕业生就业率不尽如人意的原因之一。2011 年,25 岁以下的大学毕业生中,有一半人处于失业或半失业状态,有工作的人则更多从事着服务生或酒保的工作,而不是成为工程师、物理学家、化学家或数学家(10 万比 9 万)。[22]

> 令人难以置信的是，即便教育信号的价值已经下跌，其成本却仍在持续上升。

对传统教育体系信心的缺失可以从不断兴起的企业内部培训中看出。通用电气首开先河，在20世纪50年代创办了通用电气大学。现如今已有近5 000个类似的公司组织，[23] 其核心竞争力并非教育。这些企业认为既然现代教育与它们的需求相去甚远，它们就自己动手办学，自给自足！

传统教育不再能为我们适应当今的社会打好基础了，也不再能赋予我们那些迈向成功所需的技能，雇主深知这一点。但令人难以置信的是，即便教育信号的价值已经下跌，其成本却仍在持续上升。

教育的花费：无底黑洞，还将更深？

这种趋势已酝酿了很长一段时间。30多年来，高等教育学费的增长速度是通货膨胀率的两倍。[24]《被打断的大学》（College Disrupted）一书的作者瑞安·克雷格给出了下面的比较。

20世纪70年代末，按最低工资计算，一名4年制大学的普通学生只需工作182小时，即做一份暑期兼职，就可以支付全部学费。2013年，同一所大学的一名学生，按照目前的最低工资标准，必须工作超过991个小时（做一份半年的全职工作）才能勉强交齐学费，他还要另谋渠道来支撑生活开销（另外挤出时间去上课）！[25]

因为大多数学生没有闲钱，他们债务缠身，数额还不小。在本书撰写之时，有七成大学生毕业时平均负债 30 100 美元。[26] 当下利率是 4.7%，[27] 如果平均还债时间约为 20 年，那么实际负债将会上升至 46 000 美元，加上上学和不全职工作的机会成本，总共预计为 54 000 美元。[28] 最后一部分是关键因素。美国的教育是出名的毫无理由的昂贵，但有人会说各地情况不同，像在我的祖国加拿大，教育成本就便宜多了，在欧洲部分地区，教育完全免费。但教育的固定成本只是其中的一部分，还有机会成本。即使你生活在高等教育一分钱都不花的地方，机会成本的消耗也是巨大的。

这显然是难以为继的，我们也越来越难以证明花费大量成本去接受高等教育这一行为的合理性，这些成本更是超出许多仍旧渴望获得学位的人的能力范围。世界经济论坛创始人兼执行主席克劳斯·施瓦布说：

> 如今，中产阶级的工作不再能保证中产阶级的体面生活。在过去 20 年里，中产阶级地位的 4 个传统属性（教育、健康、养老金和房屋所有权）的表现比通货膨胀还要糟糕。在美国和英国，教育现在已被视为奢侈品。[29]

尽管目前教育成本高昂，但预计再过 10 年，大学学费还将增长至每年 13 万美元。[30] 普林斯顿大学校长威廉·鲍恩解释说，因为这是一个人口密集型产业，人们必须跟上通货膨胀的步伐。大学里的生产率不会提高（不像制造性工厂），所以我们预计这方面的价格还会持续上涨。[31]

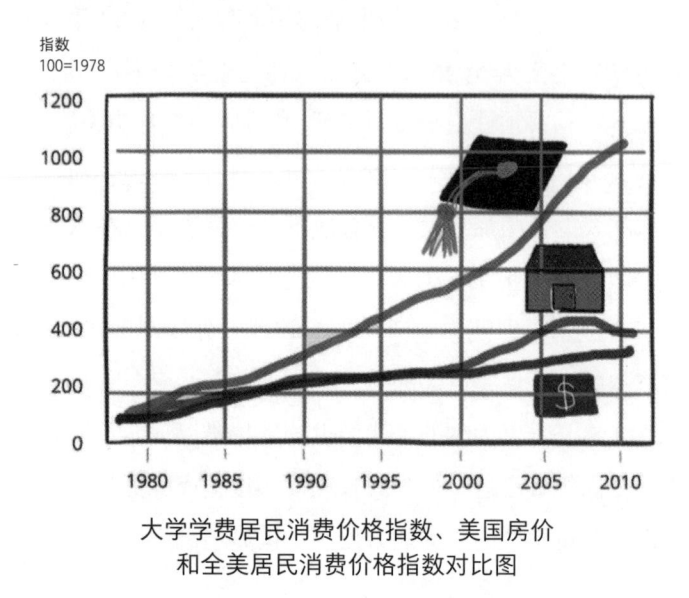

指数
100=1978

大学学费居民消费价格指数、美国房价
和全美居民消费价格指数对比图

这些费用高得可怕，学生却出奇地乐观，因为他们大多天真地认为，自己能如期毕业。实际上，只有20%的学生能按时完成学业，并获得大学4年的学士学位。[32] 随着毕业延迟并超过4年期限，许多学生的债务便会失控，许多人到最后根本没法完成学业。虽然排名前50的名校毕业率接近90%，但4年制学校的总体毕业率在55%左右，两年制大学则在29%左右。[33] 在我写本书时有3 100万美国人（约占总劳动力的20%以上）修有大学学分，却没能拿到大学学位。[34]

如果这些数字把你吓到瞠目结舌，那么你并不是唯一一个。任何一个现在处于职业生涯中后期的人，都是在一个与现在完全不同的教育体系中"成长"起来的。就在几十年前，教育成本还只是现在的很小一部分，回报却极其可观。但短短几十年后，情况发生了翻天覆地的变化。

学位不再是赌注筹码了吗？

被称为"奥马哈先知"的沃伦·巴菲特是有史以来最成功的投资者之一。他以坚持价值投资和节俭而闻名，净资产总计超过 800 亿美元。这是他从 11 岁第一次购买股票开始一生坚持投资的产物。毋庸置疑，巴菲特至今能有此般成就离不开一直伴随着他的很多事情：直觉、远见、自律，也许再加上一份运气，还有所有投资者都不可或缺的东西——资金。并不是说有了钱，你就能自然而然地成为成功的投资者，但是没有钱，你连投资的机会都没有。

就像金钱是投资的筹码一样，许多人相信大学学位是成就事业的筹码。拥有学位并不能确保你在职场能谋得不错的职位，但是没有它你寸步难行。如果这是真的，那么大学教育的投资回报率无论有多么不公，也就都不重要了。如果你离不开它，它就是不可或缺的。但你真的需要它吗？

沃伦·巴菲特的故事颇具启发性。他要做投资的确不能缺钱，但他也不需要太多。他在 11 岁时做的第一笔投资是购买石油公司城市服务（Cities Service）的 6 股股票，3 股是给自己的，3 股给姐姐多丽丝，每股 38 美元。类似地，虽然"学位是筹码"的观点不假,可它的适用范围比人们所想的要有限得多。

记住,信号只有在没有更好的信息时才有用。如果我了解你,曾与你一起共事过,知道你有不错的工作能力,我就不在乎你曾在哪里上过学或是否上过学。只有在缺乏这种熟悉度和信息的情况下,信号才真正重要。所以问题不只是"信号重要吗",还有"我能绕过信号标志吗"。这与企业的规模密切相关。根据经验,企业规模越大,求职者就越难找到合适的方式去接近招聘经理,并给他们留下好印象。

简单地说,由于许多大公司的申请者每日蜂拥不断,公司会竖起围墙,尽量避免那些绞尽脑汁的求职者打扰到员工,并使用求职跟踪系统(ATS)筛选收到的海量简历。对求职者来说,这是个大障碍,但这又是多大的困难呢?首先,让我们考虑一下实际的就业市场有多少个岗位。是的,烦琐的人力流程和求职跟踪系统在大企业中很常见,但 51% 的工作岗位来自小公司,而不是大企业。[35] 如果 1/4 的招聘人员和人事经理不用求职跟踪系统,[36] 那么不受阻碍的工作岗位总体比例将高达 63% 以上。所以事实上,仍有很多好工作并不会因为你缺少学位就把你拒之门外。

但即使面对那些采用求职跟踪系统的大公司,求职者也可以通过恰当的方式优化简历,或者巧妙地使用某些关键字,来应对这些系统。(例如,大多数求职跟踪系统无法区分"在 Acme 大学获得文学学士学位"和"在 Acme 大学研修文学学士学位"。求职者只需谷歌一下"如何写简历能通过求职跟踪系统的筛选"就可获得更多妙招。）

不过最重要的是，一些更大的机构已经不再把学位作为招聘的标准，这一点你将在后面几章看到。求职跟踪系统技术最终会变得更完善、更智能，使用它们的公司更是如此，这意味着企业会更看重那些比学位更重要的东西。简而言之，学位已经不再像大学自诩的那样是职场的全通票了。而它的高投入成本，低收效回报，让整个局面难以维持。那么这种情形还将持续多久呢？

> 学位已经不再像大学自诩的那样是职场的全通票了。

教育泡沫以及由此引发的棘手问题

经济泡沫是由两个同时出现的因素造成的：价值停滞（或下降）和成本上升（包括机会成本的上升）。教育成本在明显上升，而传统教育的价值正在下降，这是我们已经明确了的。泡沫迟早会破裂，但不会总是产生引人注目的效果，特别是当许多人投资现有的教育机构时，教育显得比其他任何事情都更为可靠。正如科技投资者彼得·蒂尔解释的那样："在美国，教育可能是人们唯一依然相信的东西。质疑教育是十分危险的，是绝对的禁忌。它就像告诉世界，圣诞老人压根不存在一样。"[37]

成本

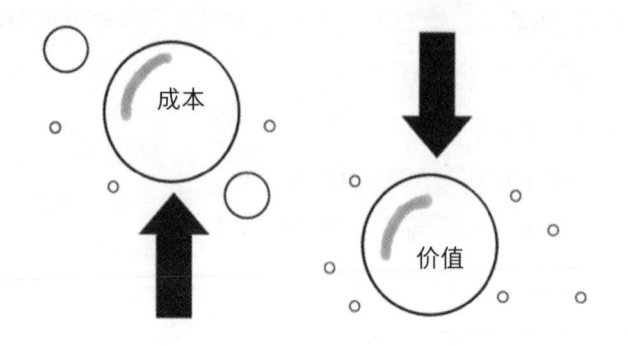

价值

　　有些崩盘是剧烈的，就像一只股票在一天之内损失了一大部分价值一样。另一些则更为缓慢，不是"砰"的一声，而是像不断漏气的气球。教育的崩溃很可能遵循后一种模式，我们有充分理由相信，这个过程已经开始了。在过去的 5 年里，高等院校入学率下跌超过 6.5%。[38] 这看似不多，却是实质性的改变，也预示着某种更大的变化。

　　这就引出了一些复杂而令人不安的问题：高等教育院校存在的意义何在？大学曾经授予和将要授予的学位的价值何在？进一步说，那些学位持有者会怎么样呢？如果大学学位失去了价值，人们是否就不用再上学了，我们最终是否会进入一个全民不再接受教育的社会呢？

　　我们首先要承认，常春藤名校和其他一些精英学校将会永远存在下去。哈佛的捐赠基金会将确保其渡过任何难关。麦吉尔的校友网络将继续为毕业生提供帮助。牛津在各行各业的人脉将确保其毕业生得到聘用。对于这些学校，和学校授予的学位的价值相比，学习知识实际上成了次要的。因此，任何一所学校但凡有大量的捐赠基金便能度过风暴期，它与核心行业和知名教授之间的关联、精英品牌的声誉以及强大坚固且人脉广泛的校友网络等因素都能帮助它渡过难关。

社区大学也有望生存下来，它们的成本结构完全不同，为许多学生的就业奠定了坚实的基础。职业培训只要能为毕业生就业打好基础，就将一直存续下去，这一行业仍将是一个有价值、有前景的行业。一些高等教育院校将继续作为研究基地和学术培训机构而存在。昂贵的教育总会有消费市场，它的消费者会把教育当作昂贵的爱好。

为什么高等教育是颠覆的起点

上述情况只代表着目前不到 20% 的院校的情况。剩下的大部分院校，特别是那些收费高昂、声誉一般的院校，都将面临入学人数下降的困境，许多院校将会像恐龙一样走上灭亡之路。正如托德·希克森在《福布斯》杂志上发表的《高等教育现在是颠覆的起点》一文中所指出的，许多院校的运行方式存在着太多的不合理之处，包括以下几点。

- 以提供住宿和基础设施的方法来收取高昂的固定费用，并要求学生住在离家很远，且工作机会稀少的地方。
- 2 000 所美国高校并行开发标准课程（如经济学 101）。
- 2 000 所高校同时开设标准课程。

- 关键资源（教职工和学生贷款）在有大量需求和并无过多需求的领域都相对均等地分配。在美国，只有不到10%的本科毕业生从事需求量很大的STEM（科学、技术、工程和数学）领域的工作。
- 为就业技能培养、通识教育、调查研究、奖学金和大型乡村俱乐部等各个项目提供全面补贴。从本质上说，资金本应补贴给少数真正需要和真正重视资金补贴的人员，它却被均分给了所有人。
- 目光只盯在大学学位证书上，而不是完成特定课程和学会技能上。
- 对培养毕业生走上成功的职业道路的投资太少。这指的并不是什么高难度或高科技的东西。大学毕业生缺乏的是一些基本技能，如做报告演讲、使用电子表格、撰写商业文书以及理解作为一名企业员工意味着什么。[39]

简单地说，如果一所高校的收费与常春藤盟校比肩，但总体毕业率不理想，硕士就业率也只是中等水平，即便成功入职的毕业生也拿着很低的起薪，那么对于想要大学学历的人来说，进入这所大学轻而易举，但最后拿到的文凭恐怕并没有什么用。

这可能意味着学校最终会被合并、关闭，这种情况在多地已经陆续出现，包括俄勒冈州的玛丽赫斯特大学，马萨诸塞州的惠洛克学院以及俄克拉何马州的圣格雷戈里大学。这也可能意味着教育的重心会转移到更多的成年学习者身上，因为他们才是一个正在持续增长的市场。[40]

但是，先等等，现在大学做的很多事情都是错的，难道就没有可以弥补的方法吗？难道不存在一种可以让它们并肩作战、重新步入正轨的情形吗？很遗憾，答案可能是，没有。其中一部分原因在于经济，但更多的是因为当前的教育，从课程本身到课程结构，到呈现方式，到改变和改进课程的动机（变或不变），再到课程效果（有或没有）等，几乎所有方面都与现代社会的需求格格不入。

那么这是否意味着，上大学自始至终对每个人来说都是一个不好的选择？不，不完全是。虽然大多数上大学的理由都站不住脚，但仍有些很好的理由，它们让上大学成为一个值得考虑的选项。

上大学的好原因和坏理由

19世纪初，一位英国贵族曾在印度担任孟加拉邦总督，他对曾经尝过的一种食物味道念念不忘。于是他拜访了约翰·李和威廉·派林的药房，请他们来配制这种味道。李和派林多做了一罐，但他们并不喜欢这种调配的食物，于是就将其储存在了地窖里。结果几年后，当再次品尝时，他们却发现岁月的累积已经把酱汁变得无比美味了。李和派林的伍斯特沙司从此诞生了。[41]

伍斯特沙司风味浓郁鲜美,是一些饮料、腌料和酱汁的绝佳搭配,[42] 但要小心使用。你在一道菜中加入盐或柠檬汁几乎不会出错,但伍斯特沙司只能与几种非常特殊的口味混合。大学教育与伍斯特沙司类似,它只在特定范围内最优,而非对人人都有益处。那么,在什么样的情景中,取得大学学位能更有意义呢?

你追求的是特定职业。如果你想成为医生、律师、工程师、会计师、建筑师、护士或任何需要专业培训和特殊执照的职业,那么传统教育仍然是你达到目标的主要途径。你只要确认这个职业将和你期望的一样有趣(实习工作可以帮你更好地了解这一点),并且它是一个你认为可行的职业选择(例如,法律行业的前景正在变得黯淡,这一点我们将在第 7 章讨论)。

你报考的大学是择优录取的。在美国成千上万的高校中,只有大约 200 所高校择优录取学生,这意味着它们只接受不到 50% 的申请者。那些择优录取的大学授予的学位是最有价值的,它们标志着真正有价值的东西。

你能轻松负担所需的费用。花自己存的钱和花自己借贷的钱截然不同,因为债务不仅大大加重了实际成本,而且造成了偿还负担。所以,如果你读大学不需要贷款——无论是因为你家庭富裕,还是你能拿到奖学金——投资回报率都将显著提升。

你无法从社会成见中获益。如果一个学位,几乎无人拥有,那么有该学位的人会比没有的人更好。此外,这也意味着此人和拥有该学位的所有人水平相当。如果你是那种可以从社会成见中获益的人（通常是白人男性），那么有没有这种信号（学位）并不重要，你理所当然并不比别人差。但是，如果社会没有赋予你这种优势，你就必须在每一个场合证明自己的价值，那么拥有"不比别人差"的信号就具有更大的价值，对许多女性和少数族裔来说，这是可悲的事实。当然，随着信号的不断弱化，这种情况会改变，但就当下的环境来说，学位可能还会保持几年的价值。

如果你的情况符合以上4种中的任意一种（或好几种），那么上大学可能是个好提议。另一方面，大多数支持上大学的论点都是没有道理的，它们包括以下几点。

把上大学当作进入职场的赌注或在职场中赚更多钱的筹码。正如我们在本章所见，大学教育并不能成为实现这两个目标的保障，尽管相较而言，大学教育对女性和少数族裔的影响要大于白人男性。

通过上大学来找到人生追求。通过上大学来实现这一点是一个既昂贵又低效的途径，你真正接触到的话题、想法和机会的数量是极其有限的。相比而言，广泛阅读、从事见习工作、拿到实习或学徒机会等，都将是更好的选择，这些我们将在后面的章节中加以探讨。

通过上大学来实现全面发展。上几门选修课来完成学位并不能使你变得全能，充其量可以让你兼收并蓄。更重要的是，如果你的目标是全面发展，那么和在大学里投入大笔资金相比，花上几十个小时和几百美元在书籍或纪录片上，会让你走得更远。

通过上大学来学习你感兴趣的东西。如果你真的对学习知识感兴趣，那么你最好独立地深入你所感兴趣的领域，追随世界上最权威的指导老师，通过他们的著作和在线课程进行学习。

在大多数情况下，传统的正规教育并没有太大意义。但这并不意味着我们将走入没有教育的未来。相反，教育从未被如此深度地思考过，也从未被看得如此重要和必要过。在下一章中，我们将探讨怎样使教育在我们成长的世界中发挥有效作用，以及怎样使我们在这个世界中发挥有效作用。

自我评估

许多人都有过这种经历：开车时，在片刻的发呆后，我们发现，自己已经一路开到了目的地，但对行进的过程却毫无记忆。我们的驾驶经验和技术，以及行进的具体路线让大脑能够在无意识中做到这一点。我们多年来一直在做的其他事情也是如此，比如做饭、园艺或者阅读。我确实有过这样的经历：在阅读一本书时，完全沉浸在书页间的思绪里，然后突然意识到我已经走神了。不知不觉中，已经翻过了好几页，可我对这一切竟浑然不觉。

这再正常不过了，一些作者通过将重要的观点重复10到

15次，来解决读者的这个问题。我则选择另一种方法：在尽可能简洁的同时，我会用10到15个问题来结束每一章，你可以用它来检测你对刚讨论过的话题的理解，也可用自己舒服的方式自由利用它们，用它们来帮助你理解和回忆，还可以与感兴趣的朋友和同事一起探讨，或者干脆跳过它们，直接进入下一章。

以下是第一组问题。

1. 有哪些信号的例子，它们都有什么用处？
2. 大学文凭意味着什么？
3. 为什么这个信号的价值没有以前那么大了？
4. "学历通胀"的根源是什么？
5. 在2017年4月的快速就业网的调查中，要求雇主对招聘时所考虑的20个因素进行排名，哪个因素的排名垫底？
6. 企业内部学习中心如"通用电气大学"等的强势崛起告诉了我们什么？
7. 在过去的30年里，大学学费的增长与通货膨胀有什么关系？
8. 为什么教育成本最有可能持续上升？
9. 有什么好的理由让我们相信教育是一个泡沫？
10. 当教育泡沫破灭时，哪种院校会受到最大的影响？
11. 那些濒临瓦解的院校有哪些特点？
12. 当教育泡沫破灭时，什么情况可能出现？

正如我在前言中所提到的，这本书的每一章都可扩展开来，写成一整本书，甚至好几本。如果你乐意深入了解我与你分享的话题，在每一章的末尾我都将推荐几本书来方便你深入了解。关于现代教育面临的挑战，我推荐阅读以下几本书。

- 布莱恩·卡普兰的《反对教育的理由》(*The Case Against Education*)
- 瑞安·克雷格的《被打断的大学》
- 克雷格·布兰登的《五年派对》(*The Five Year Party*)

2

"加速时代"的教育

1932年，奥尔德斯·赫胥黎的小说《美丽新世界》（*Brave New World*）一发表，就被人们誉为伟大的杰作。他描绘了未来6个多世纪之后的反乌托邦社会。所有的人类都在人造子宫中被孕育出来，婴儿被灌输以社会等级的观念，一切痛苦都能被一种叫作唆麻的药物彻底消除。

在这些可怕的未来预言中，有一些从我们的角度来看是有趣而离奇的，例如第4章中的电梯场景。在赫胥黎的时代，电梯是一种由升降机工人操作的机械装置，他们的工作是通过拉动杠杆来操纵电梯使其到达目的地。赫胥黎意识到，未来还让人类来做这件事情的确荒唐可笑，于是他设想出适合反乌托邦社会的解决方案，由一个由基因工程改造的、属于最低社会等级的类人类生物来操控电梯。

对，你没有看错。赫胥黎可以想象如此复杂精妙的基因工程，却没想到只需要按一下电梯按钮，我们就能直通目的地。在如今看来，这是显而易见的。可赫胥黎的创作早于电子革命，所以他那时无法参照任何通过计算机控制的东西。

这是科幻小说中的一个共同现象，它可能包含了一个独具匠心的大胆想法，但其余的事物都保持惊人的不变状态。例如

《杰森一家》本质上是对 20 世纪 60 年代家庭生活的描绘，增加了喷气背包、宇宙飞船和胶囊食物。尽管《星际迷航》中大胆设想了一个人人平等的未来，但它仍让女性在太空中穿着超短裙。虽然让一位非裔美国妇女登上飞船是前进了一大步，但别忘了她的工作是接听太空电话。

> 尽管《星际迷航》中大胆设想了一个人人平等的未来，但它仍让女性在太空中穿着超短裙。

对教育未来的预测

我在 2018 年的人才发展协会会议上，听到了这种对未来的预测。这是世界上关于学习的最大的学术会议之一，来自世界各地的 12 000 名学习专家出席了这次会议。美国当时的总统巴拉克·奥巴马和管理学大师马库斯·白金汉等人发表了重要讲话。第一天早上，我参加了一个关于教育未来的会议。

这段经历着实令人失望。会议伴随着调暗的灯光和一段视频开幕。5 分钟的时间里，我们在屏幕上看到了对于当前现状的夸夸其谈和关于未来的预测。

"中国很快就会成为世界上说英语人数最多的国家，印度的优等生会比美国的还多。"

"2010 年需求量排名前 10 的职位在 2004 年还不存在。我们正在培养学生为那些还不存在的工作做准备，使用尚未被创造的技术手段来解决甚至还不知道是不是问题的问题。"

"如果脸书（Facebook）是一个国家，它将是世界人口第三大国（仅排在中国和印度之后）。"

"我们生活在一个信息指数级增长的时代。谷歌每月的搜索量高达 310 亿次。如今，每天的短信传输总量远超地球人口的总数。"

"新科技信息的数量每两年翻一番，这对于四年制大学理工科学生意味着：大学一年级时学的知识有一半到了三年级就过时了。"

所有这些发言都有一段反复呼喊的背景音——"就在此处，就在此刻！"这是卡尔·费什和斯科特·麦克劳德的演讲视频《转变发生》（Shift Happens）[43]（我第一次看是在 2008 年）的一个更新版本，用这个演讲作为开场颇具讽刺意味。从那时起整个会议就开始走下坡路，人们开始讨论教育工作者需要使用更多的技术，让智能手机融入学生的学习过程，并将学习 TED 演讲等资源作为课堂的一部分。这些都是不错的主意，但就对未来的思考和准备而言，它们只是《杰森一家》级别的预测和想象。

最糟糕的是这场会议近似于一场讲座。当然，中间也穿插了几段视频和几次"击掌庆祝和与邻座讨论"的环节，但这仍然只是一场讲座。讲座是人类已

> 讲座是人类已知的最无效的教学形式之一。

知的最无效的教学形式之一。最具讽刺意味的是：我上过的每一门"前沿成人学习"课程，几乎都使用了各种毫无前沿性的成人学习教学模式（包括讲课、琐碎的家庭作业、简易测验等）。

最后，我放弃了，退出了会议。不用说教育的未来了，这甚至不是教育现状的准确写照！

美丽新世界（就在此处，就在此刻！）

会议报告若些许有些过时和脱节是可以理解的。与会者都很优秀，且热衷于自己的工作，但遗憾的是，他们太过执着于问题本身。

在视频的背景音"就在此处，就在此刻！"中有一个关于预测未来的重要见解。要想象遥远的未来绝非易事。正如预测未来趋势的《隐秘的商机》(*Non-Obvious*) 一书的作者，我的同事罗希特·巴尔加瓦所解释的那样：比起去弥补事后发生的错误，从现在起就推断会发生什么，绝对要简单和有用得多。

正如凯文·凯瑞在《大学的终结》(*The End of College*) 一书中所说的，要使教育可持续并保持合理的唯一途径是，为当前和将来的世界输送有用的

> 要使教育可持续并保持合理的唯一途径是，为当前和将来的世界输送有用的成果。

成果。[44] 但如何才能做到这一点呢？美国东北大学的校长约瑟夫·奥恩睿智地写道："现有的高等教育模式，还未适应撼动全球经济基础的巨变。"[45] 那么，那些变化又是什么呢？

如果认为因为相比过去我们与数字化技术的联系更加紧密了，就要求教育采用更多的技术手段，这纯粹是自我开脱的借口。这跟《杰森一家》的预言是一样的，很明显我们正在使用更多的技术，但这样做既没有启发性，也没什么帮助。（技术在学习过程中的运用与同步和半同步即时学习的能力关系更为紧密，与是否使用手机关系不大。）

我们需要理解这样的巨变，它要求我们不仅要改变教学方式，还要改变教学内容，以便我们的学生为未来的就业做好准备。有什么事情此时此刻正在发生而且将给未来世界带来巨变？

自动驾驶汽车的发展

自动驾驶汽车是近年来科技界最热门的话题之一，它也被称为无人驾驶汽车。几十年来，自动驾驶技术一直以各种形式被研究、被开发。就在过去几年中，自动驾驶技术也有了实质性的进展。在谷歌、特斯拉、优步和以色列的研发公司无比视（Mobileye）等业界大佬的带领下，自动驾驶技术已经拥有了数亿英里①的驾驶里程。[46] 在这一趋势中，高科技公司并非一枝独秀，从奥迪到沃尔沃等大型汽车制造商也纷纷投入巨资生

---

① 1 英里 = 1.609 344 千米。——编者注

产自动驾驶车辆。[47]

自动驾驶汽车到底是好是坏尚在争议之中，争论双方各执一词。此外，交通运输在很多方面依旧存在问题，如安全性（90%以上的交通事故都是由人为过失造成的）[48]、生产力（按平均每次开车26分钟，每周5天，每年50周计算，每年共计340万美国人的时间可以被重新部署）[49]、负担能力（数以百万计的人从事交通运输工作，即使是拿着入门级薪水，他们的薪水也涵盖在数百亿美元的成本中，这些成本可被节省下来并转到消费者手中）等。[50]这就引出了为何自动驾驶后患无穷的争论，因为交通运输业是世界上最大的工业之一，而自动化预计将导致大量工作岗位的流失。

大多数专家一致认为，这不是一个是或者否的问题，而只是时间问题。对局势乐观的人认为，用不了几年，商用自动驾驶汽车就能上路了；而对局势没那么乐观的人则认为，这一过程还要至少10年甚至更长的时间。我个人的看法是，基于技术的成熟、保险和立法的限制以及公众目前的接受度，它可能会更接近后者。从最悲观的角度来看，当我的孩子（2015年和2016年出生）达到所谓的"驾驶年龄"，看到有人要自己动手开车时，他们的反应估计就像我们看我们的父母或祖父母开车不系安全带或骑自行车不戴头盔一样——"你怎么还自己动手开车……太危险了！"

"加速时代"的风向标

我对坐上自动驾驶汽车感到无比激动，但最让人感兴趣的是这种驾乘方式的实现其实是各种新科技汇聚和综合的结果，它显示出我们的世界日新月异的样子。跟汽车和运输行业相比，这些技术和改变带来了更为深远的影响。它们正是托马斯·弗里德曼所说的"加速时代"的风向标。技术对现代教育的发展也十分重要。

所以让我们思考一下这些技术以及它们的含义。制造一辆自动驾驶汽车需要的东西有很多，包括：

- **能够观测和收集汽车周围情况的传感器**。我们已经有了可以复制视觉、听觉、触觉和味觉的传感器，气味传感器也即将问世。传感器不仅已经真实存在，还拥有体积小、价格低、经久耐用等优点，从工业设备到"感应奶牛"，我们甚至可以把传感器装在几乎任何东西之上。通过联结牛群中每头牛的传感联系网，我们可以追踪采集各项数据以提升对牛群的管理，增加牛奶的产量。[51]
- **能够快速处理所有数据的计算机**。50年前，英特尔公司的联合创始人、著名的摩尔定律发现者预言，处理器的速度每隔几年就会翻番，并且价格还会减半。在过去的50年里，这都一一实现了。尽管关于它即将终结的预言一直不断，但它的发展速度和处理能力仍快到令人瞠目结舌的程度（价格也一降再降）。例如，1996年美国政府开始使用 ASCI Red（超级计算机）工作，这是一台斥资 5 500 万美元制造、占据网球场大小的超级计算机，它可以完成每秒一万亿次计算。直到 2000 年之前，[52] 它都是世界上功能最强大的计算机，但到了 2008 年，ATI 公司推出了一款具有相同处理能力的 Radeon HD 3870 X2 显卡，售价只有 450 美元。[53]

- **了解周围的地理位置和交通状况，能够做出智能驾驶决策的软件。** 这项技术进入市场已经有一段时间了，数百万用户通过谷歌地图和位智（Waze）等服务软件使用这项技术。像开放源代码和应用程序编程接口工具一样，软件的复杂性被大幅度简化，软件开发者无须理解现有软件的全部复杂构成，就能在此基础上进行开发。

- **为个人车辆和整个车队做出智能决策、学习和改进的能力。** 基于复杂规则的软件引擎能让自动驾驶汽车做出复杂的驾驶决策，类似于 1996 年 IBM 公司的计算机深蓝（Deep Blue）击败国际象棋冠军加里·卡斯帕罗夫。机器学习和人工智能算法可以让自动驾驶汽车从它们自己的经验中不断学习，从而变得更好，就像 2016 年"深度思考"（Deep Mind）公司制造的围棋人工智能程序阿尔法围棋（AlphaGo）击败世界围棋冠军李世石那样。[54] 2017 年美国卡内基-梅隆大学的人工智能系统"冷扑大师"（Libratus）击败了 4 位人类顶级德州扑克玩家。[55] 但与这些系统不同的是，所有自动驾驶汽车之间是相互联通的，这意味着每辆车都能从整个行业车辆的行驶中汲取经验、进步完善。

自动驾驶汽车

√ 传感器

√ 计算速度

√ 信息

√ 学习能力

虽然这些进步听起来既令人惊叹又不可思议（或令人害怕），但它们并非科幻小说。它们在今天是真实存在的。尽管某些领域相比其他领域更为领先，但它们已经蔓延到了生活的各个角落。那么，当万事万物都清楚自身职责、洞悉周围环境、与其他一切紧密互连，还能自行做出明智决策时，会发生什么样的事情呢？这对我们的经济体系和就业市场来说影响深远，它也会反作用于要帮我们做好职业准备的教育事业。

> 虽然这些进步听起来既令人惊叹又不可思议（或令人害怕），但它们并非科幻小说。

为什么会出现大量的失业？

想想看，你可能会从厨房漏水的管道里听到微弱的"滴答滴答"声。假使你及早补救，费用就会很便宜且容易搞定。如果拖延到更为严重的程度，结局就可能是一团糟，而且补救成本相当高昂。

无独有偶，这种事也发生在市政地下管道方面。泄漏导致同样的"滴答滴答"的漏水声，但无人知晓。于是情况逐渐恶化，直至十分严重的程度。此时，整条沿线公路都需要被敲碎、挖开，维修费用以每英里100万美元计算。[56] 如果那些地下的连接管道上有传感器，我们就能在全部挖掘之前检测到管道是否真有问题和确切的挖掘位置。管道传感器才刚刚被开发出来，这种技术类似于人工智能和自动化技术，会严重扰乱就业市场。正如马丁·福特在《机器人时代》(Rise of the Robots)一书中所解释的，"……我们十有八九身处于一场爆炸性的创新浪潮的前沿，这波浪潮最终将生产出面向几乎所有能想到的能完成商业和工业任务的机器人"。[57]

防范胜于补救。如果你是为减轻疼痛买单的病人，那再好不过了；但如果你靠提供治疗服务为生，那情况可就没那么好了。正如几百美元的传感器可以节省几百万美元的维修费用一样，我们正在讨论的各种技术也有可能对就业市场产生巨大的冲击。托马斯·弗里德曼描述了工作岗位将被削减的4个方向。

1. **向上**：你需要扩充大量知识和提升专业技能来完成同类工作。例如，牛群挤奶的自动化就意味着牛群管理经理需要掌握电脑操作和数据分析技能。
2. **分开**：一项有技术含量的工作对技能和知识的要求会更高，而对非技术部分的要求则更少。挤奶工需要更多的技巧，但是铲粪工需要的技巧就更少。这项工作可能由两个人完成，也可能由一个人和一台机器完成。
3. **向外**：项目外包和自动化势必将抢占更多的岗位，以及更多的仍由人在做的工作。既然计算机和机器比我们更有效、更快捷，而且不会厌倦疲惫或轻易犯错，这显然是一场人类无法获胜的竞争。
4. **向下**：随着世界的发展，工作、技术和知识比以前更快地在被淘汰。正如《转变发生》的视频中所述："对于4年制理工科学生来说，大学一年级时学的知识有一半到了三年级就过时了。"[58]

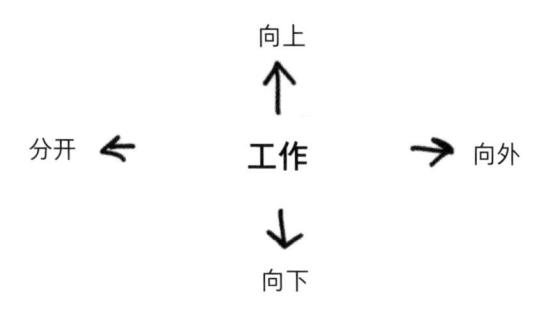

```
            向上
             ↑
   分开 ←   工作   → 向外
             ↓
            向下
```

走向瓦解

> 我们正在走向一场前所未有的就业市场的瓦解。

简而言之，我们正在走向一场前所未有的就业市场的瓦解。2013年一份常被高频引用的牛津大学的白皮书预测，未来20年间，47%的就业岗位会被智能技术取代。麦肯锡公司2017年的一份报告预测，在我们现在所有的工作时间中，有49%的时间所完成的工作可能会被技术淘汰（仅在美国就可以转换成超过2万亿美元的年工资）。[59] 在咨询公司普华永道的《2018年未来劳动力报告》中，37%的受访者担心自动化会威胁到自己的工作岗位。[60] 有些预测甚至更为严峻，正如约瑟夫·奥恩在他的《教育的未来》（*Robot Proof*）一书中所分享的：

> 2016年底，白宫国家科学技术委员会发布了一份题为"为人工智能的未来做准备"的报告。报告多达58页，脚注丰富。报告中提出了政策建议，以应对机器"在越来越多的任务中比肩甚至超过人类的表现"。报告用一种不祥的语气指出："用反乌托邦的视角看这一过程，这些超级智能机器将超越人类理解或可控的范围。一旦计算机控制了大量的核心系统，其结果可能是一场浩劫。即使在最好的情况下，人类也将丧失命运主宰权，最差的情况则是人类走向灭绝。"[61]

那么这就是所谓的世界末日吗？我们是否应该拿起枪弹，

在掩体里囤满瓶装水和罐头食品呢？不，也并不完全是这样。

随之而来的事情会对经济和劳动力市场造成严重破坏，但首先让我们正视事实：类似的情况并非从未发生过。一个典型的案例是，1830年埃德温·巴登发明了割草机。这听起来可能让人很不以为然，然而，它却引发了一场体育领域的大创新，从而开创了专业化和规范化的体育产业。没错，职业橄榄球、职业棒球、职业足球，还有更多项目的开创都得益于这种"巴登效应"。[62] 也就是说，事物的变化势必引发意想不到的商机。就职业体育而言，拥有平坦、平整的草坪这一简单事实，为我们打开了前所未有而又意想不到的充满商机的前景，它充满着无限的可能性。

我们也可以期待同样的事情发生在"STEMpathy"行业（科学、技术、工程和数学的技能与同理心、社交等人文技能交汇的行业）中，但很难说清楚具体在什么地方发生，我们不善于发现这些变化。基于同样的原因，奥尔德斯·赫胥黎也无法预测由计算机控制的电梯，《星际迷航》仍旧想象女人在太空里也穿着超短裙。我们人类其实不太擅于想象事物变化所带来的影响。但从历史上讲，这种情况已经一而再，再而三地接连发生了。

所以，我们知道"巴登效应"会给世界带来更多的工作和机会，但我们不清楚那具体是什么，也看不到它们的到来。然而，我们也并非完全在黑暗中摸索。我们能够预感到我们会面临哪些类型的挑战。

2 "加速时代"的教育

简单、复杂和复合体

计算机一天天变得更加智能，但这并不意味着我们身上没有比它强得多的地方，在可预见的未来，这些优势还会继续保持。然而，我们的优势并不在我们自己想的领域。我们的直觉在评价难易这方面其实失之偏颇。这里有一个很好的例子，它是来自 KXCD 网站的一则漫画。

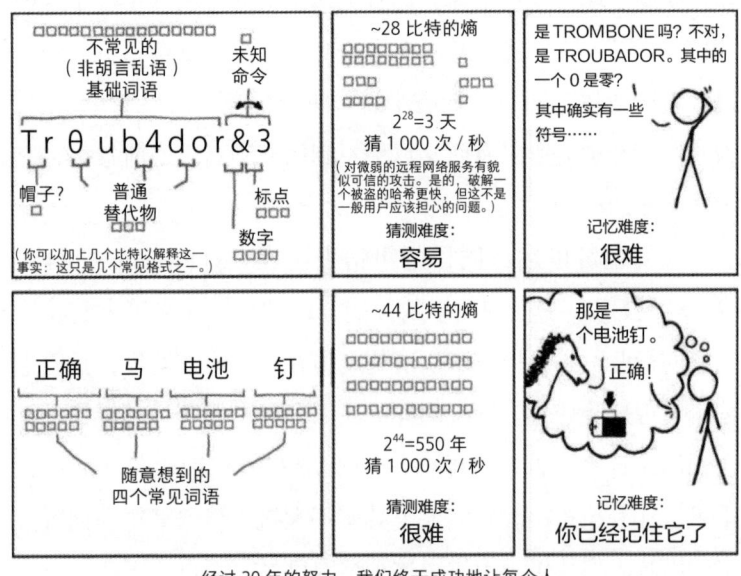

经过 20 年的努力，我们终于成功地让每个人都可以使用那些对人类而言很难记住但对计算机而言却很容易猜出的密码了。

Credit: xkcd.com

我们认为有难度的事情，是那些我们的大脑比较难做到的事情，像数学、物理和下棋等，但我们仍能找到一些方法去完成，但这些对于计算机来说简直是小菜一碟。例如，人类几乎

42　　　　　　　　　　　　　　　　　　　　　　杠杆式学习

不可能计算出 π 的小数点后 100 万位数,也不可能记住整个城市的地理位置,或计算出从 A 点到 B 点的最快路线,计算机却可以在几秒钟内轻松完成。

另一方面,我们认为轻而易举的事情,是我们的大脑经过数百万年的进化才逐渐擅长的。这意味着我们拥有极其复杂和精密的神经系统来完成这些事。当计算机面对这些状况而束手无策时,我们才意识到看似不值一提的神经系统竟然可以帮我们如此高效地完成这些事。例如,挑战一下读出下面的单词或者说出图片中的动物哪个是狗。这些对我们来说都是小儿科,但对计算机来说却是难上加难。

Gotcha[1] captcha[2]

在未来几十年里,哪些任务仍然不太可能交给计算机呢?1999 年,威尔士一位名叫戴夫·斯诺登的管理顾问,开发出了一套理论叫作"感知装置"(sense-making device),这一理论

---

[1] Gotcha 等于 got you,意思是"明白了"。——编者注
[2] captcha 意思是"验证码"。——编者注

借鉴了系统理论、复杂性理论、网络理论和学习理论，斯诺登称其为"肯尼芬框架"（Cynefin framework）。它将世界划分为4个决策情景或"场域"，它们分别是：

1. **清晰**，其因果之间有明确的关系，最佳实践方案能被很轻易地记录下来，并且可以通过计算得出结论。

2. **繁杂**，要确定其因果关系，需要在经过培训和掌握了专业知识的基础之上进行分析和调查。

3. **复杂**，其因果关系只有在回顾时才会明朗，要通过尝试创新方案来解决问题。

4. **混乱**，其因果之间没有清晰明确的关系，但我们还是要采取行动。[63]

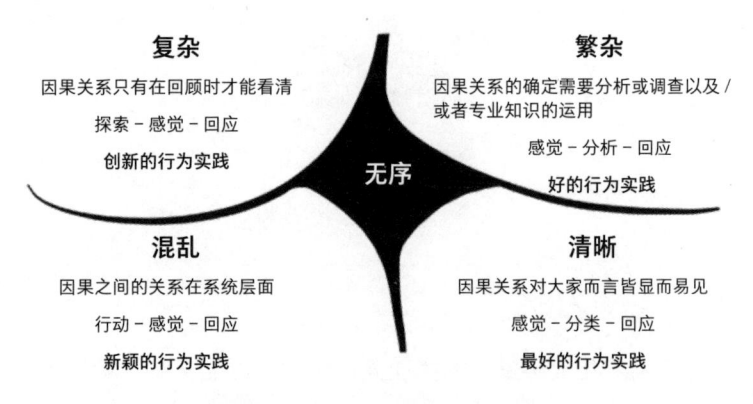

复杂
因果关系只有在回顾时才能看清
探索－感觉－回应
创新的行为实践

繁杂
因果关系的确定需要分析或调查以及/或者专业知识的运用
感觉－分析－回应
好的行为实践

无序

混乱
因果之间的关系在系统层面
行动－感觉－回应
新颖的行为实践

清晰
因果关系对大家而言皆显而易见
感觉－分类－回应
最好的行为实践

戴夫·斯诺登的"肯尼芬框架"

自20世纪以来，世界都围绕着这几个领域在运转。首先被技术攻破的是清晰情景，学历主义（即学位）的兴起源于社会需要训练人们从事繁杂的工作。现在，智能机器和计算程序在繁杂领域发挥作用，甚至在复杂领域也发挥着作用，致使大量岗位正在消失。换言之，并不是工作作为一个整体在消失，而是像荷兰历史学家、《现实主义者的乌托邦》(*Utopia for Realists*)一书的作者鲁特格尔·布雷格曼所说的，"狗屁工作"让我们变得愚蠢，而且让我们丧失了人性。[64]

在计算机无法应对的复杂领域和混乱领域中，我们仍要身体力行，但我们需要一套截然不同的技术来使它有条不紊。遗憾的是，今天的教育并未培养我们掌握这样的技能。正如英裔美国企业家安德鲁·基恩在《治愈未来》(*How to Fix the Future*)一书中所写的那样：

> 然而，至少在美国，孩子们事实上没有得到良好的教育。2017年5月，皮尤研究中心发布了一份题为"职业和职业培训的未来"的报告。它向1 408名美国高管、大学教授和人工智能专家提出了一系列问题，内容是关于为自动化世界培养人才会面临哪些艰巨挑战。皮尤报告发现，其中30%的人表示不相信学校、大学和职业培训能跟上时代的迅猛发展，或者能满足未来10年企业对员工的需求。《华盛顿邮报》针对这份报告直言不讳地总结道："老板认为你的工作技能将很快变得毫无用处。"[65]

我们该如何应对这一挑战？如何培养学生更好地从事尚未

诞生的职业、使用还未被创造的技术手段，以解决甚至还未出现的问题呢？

当前的教育和未来的教育

1971年，政治哲学家约翰·罗尔斯曾提出设计一个完美、公正社会的思想实验。想象一下，你对自己与生俱来的特殊才能、能力、品味、社会阶层和职位等一无所知。现在我们来设计一个政治体系，这个被称为"无知之幕"（veil of ignorance）的设计之所以有效，是因为当你不知道自己在社会中的位置时，你会小心翼翼地设计一个对每个人都公平、公正、富有同情心的制度。

这是一个明智之举，所以我们要效仿罗尔斯书中的提议，为未来世界设计一个完美的教育体系。想象一下，你即将着手开启人生和事业中最重要的一项任务。它备受瞩目且十分机密，从上至下都蕴含着巨大的潜能……这是你了解的关于它的全部信息。你对特定的实施领域、涉猎范围或相关任务却毫不知情。现在你要挑选一些合作者成为你的团队成员。因为你对项目细节一无所知，所以在专业技能方面毫无参照标准。假如项目与机械工程毫无关联，那么招聘机械工程师便毫无意义。因此，除了识字和算术这些基础知识，你可能还会考虑一些软实力，比如，敢于创新和足智多谋、职业道德和可靠性、学习能力和适应能力，以及领导能力与合作能力等。或者，用安德鲁·基恩那雄辩的话来说：

> 对教育工作者来说，挑战（和机遇）就是传授那些不能被机器人或算法复制的东西。对于卡尔来说，他知道计算机在培养直觉、辨别歧义和自我意识方面有着很大的局限性。对于前蒙台梭利教育家丹尼尔·斯特劳布来说，这是一种意识的传授和理念的呼唤。对于联合广场风险投资公司的阿尔伯特·温格来说，他让他的 3 个十几岁孩子接受家庭教育，教他们通过心理上的自由实现对自我的掌控。这是 500 年前托马斯·莫尔在《乌托邦》(*Utopia*) 中提出的人文主义教育理想。这是不可被量化的教导：如何与同龄人交谈，如何实现自律，如何享受闲暇，如何独立思考，如何成为一位好公民。[66]

你可能会想，"我怎么能在对项目一无所知的情况下创建一支团队呢？"然而，这恰恰是教育者的当务之急。当面对一个复杂而混乱的未来时，我们的学生将用尚未被创造的技术手段，来解决甚至还未出现的问题，我们恰恰需要这种先"滑向冰球要去的地方"的思维练习。

毕竟不是所谓的假设

事实证明，这种假设性的练习毕竟不那么具有假设性，因为正是这些技能将我们的事业引向成功。一项由哈佛大学、卡

> 我们恰恰需要这种先"滑向冰球要去的地方"的思维练习。

内基基金会和斯坦福研究中心开展的研究结论表明：85%的职业成功源于成熟的软技能和人际交往技巧。[67]大约在被录用18个月后，54%的员工会被解雇。在89%的案例中，态度是主要原因而非技术。[68]如瑞安·克雷格所报道的：

> 宾夕法尼亚大学沃顿商学院人力资源中心主任、美国教育部国家劳动力教育质量中心前副主任彼得·卡佩利称：雇主淘汰员工的原因，排在第一位的并不是技术过失或学术能力不足，而是缺乏良好的工作态度和自我管理能力，比如守时、时间管理、工作动机和强烈的职业道德等。事实上，这些过去所谓的"性格问题"，在许多研究中一再出现，成为一个主要问题。[69]

这可能是雇主如此急迫地寻觅具备这些特质的贤才的原因。2009年，商业圆桌会议组织进行了一项调查，要求雇主对近年的高中毕业生最缺少的重要工作技能进行排名。调查结果中学生最缺乏的是态度和自我管理。一直数到排名的第8项，我们才会找到学校可能会明确教授的东西（口头表达），排名的第14项才是传统的学术科目（阅读技能）。[70]在2013年的一项研究中，93%的雇主认为，具备批判性思维、清晰沟通和解决复杂问题能力，比求职者本科所学的专业更加重要。[71]在 2017 年 4 月快速就业网公布的一项年度调查中，雇主被要求对他们在做出招聘决定时考虑的 20 个因素进行排名。与过去几年的调查结果依旧一致，职业道德位居榜首。[72]约瑟夫·奥恩进一步解释道：

> 根据 2016 年对雇主的一项调查，最近的大学毕业生最需要的技能是"领导能力"。超过 80% 的受访雇主表示，他们在求职者的简历上努力寻找领导力的证明。接近 79% 的受访雇主表示"团队合作能力"是他们看重的能力。接下来是书面表达和问题解决——这些能力通常来自文科教育，而非纯技术教育——70% 的受访雇主表示重视这些能力。奇怪的是，技术技能排名仅位于中间位置，低于强烈的职业道德感或积极主动性。[73]

结论很明确：想在"加速时代"取得成功，我们要依靠软技能，例如职业道德和主动性等这些看似无形却非同小可的品质。雇主都知道这一点，但这里有一个小问题：这份清单上的大多数特质常被认为是有些人天生拥有，有些人本身就缺失的特质。我们对教育目标的重新定位会使教育的构想和开展方式发生巨大的变化。我们将在下一章探讨这些变化。

自我评估

你想测试一下自己对刚才所讨论观点的理解吗？或者你想与感兴趣的朋友和同事一起讨论吗？这里有几个问题可以帮助你。

1. 为什么很难想象遥远的未来会是什么样子？
2. 为什么教育家必须了解传感器、人工智能和自动化对全球经济的影响？
3. 哪些技术使得自动驾驶汽车成为可能？
4. 托马斯·弗里德曼描述了各种技术正在拉动的4个就业方向，它们分别是什么？
5. 牛津大学2013年的一份白皮书预测，未来20年里，47%的工作岗位可能会被科技淘汰。什么样的工作能不被技术取代呢？
6. "巴登效应"是什么？
7. 什么样的事情对我们来说尤为困难，对计算机来说却十分简单？
8. 哪些事情对人类来说微不足道，对计算机来说却非常困难？
9. 根据肯尼芬框架，描述做出决策的4个场域。
10. 在肯尼芬框架下的4个场域中，哪些场域是计算机难以应付的？为什么？

11. 什么是"无知之幕",它与教育的未来有什么关系?
12. 为什么软技能比技术技能在未来职场更有价值?
13. 根据调查,雇主认为哪些技能和素质最为重要?

如果你想深入了解本章的内容,这里有一些好书供你参考:

- 托马斯·弗里德曼的《谢谢你迟到》(*Thank You For Being Late*)
- 约瑟夫·奥恩的《教育的未来》
- 马丁·福特的《机器人时代》
- 克劳斯·施瓦布的《第四次工业革命》(*The Fourth Industrial Revolution*)

3

不断变化的学习境况

"顺便说一句，忘了告诉你……连敲三下你的鞋后跟，你就可以回家了。"——格林达

"妈，你在哪儿？？？我醒来后这儿空无一人！"——凯文

"对不起，我得赶在午夜前回家。明天再说？而且，我可能弄丢了我的鞋。"——辛德瑞拉

"哈利，那只是个梦。我很好。别冲到魔法部来。"
——小天狼星·布莱克

"喂，阿尔弗雷德，布鲁斯被歌剧吓坏了，你能到前面来接我们吗？"——托马斯·韦恩

"罗密欧，我和劳伦斯神父商量了一个计划。我没有死，哈哈。别告诉别人。"——朱丽叶

几乎没有什么比即时信息共享更能破坏故事情节的了。只

需要一条短信,多萝西就永远不会遇到稻草人、铁皮人或者那只胆小的狮子了;凯文的父母会知道他没事;如果父母没有被谋杀,布鲁斯·韦恩就不会受伤害,也就不会有蝙蝠侠了。

当然,故事可能会不时地逃避这个问题,想出千奇百怪的解释,为什么人物角色都没有手机,哪怕是老式电话呢。但这种叙事手法会降低可信度,必须谨慎使用。我们都知道如今的世界和几十年前截然不同了,所以我们必须要适应。同样,我们构想和消费教育的方式也是如此。

当前有 4 个主要的转变正在改变着学习的面貌,它们对教育的影响,如同即时信息共享对电影情节的影响一样严重。每一次转变都强化了我们作为教育消费者的需求和期待,这是对教育机构的挑战,但也是投资者进入教育市场的大好机会。

转变 1:从实时到半同步

你有没有注意过,大多数餐馆准备菜肴的速度有多快?当然,其中不乏一些服务客户的小妙招,从上面包、玉米片或沙拉开始,分散你对主食的注意。即便算上这一点,就算是用餐高峰或服务生偶尔不称职,餐厅也很少需要花费超过 20 分钟的时间来准备一道菜。

我们通常把这看作是理所当然的,但下次你上餐厅时,抽空注意下菜单上的菜品,问问自己,假设给你食谱和所有配料,在家准备同一道菜需要多长时间。除了极少数例外,耗时都要比餐厅长得多。那么,餐厅是如何如此快地完成这项工作呢?

答案就在于 *mise en place*,这是一个法国烹饪术语,翻译过来就是"一切准备就绪"。我们以一道相对简单的菜意大利面为例。意大利面只需放在开水里煮上几分钟便可。然而,调味汁就复杂得多了。你先要用油和大蒜翻炒洋葱,再加入胡萝卜、西葫芦、蘑菇、西蓝花等。在开始烹饪之前,你需要做繁杂的准备工作:从冰箱和橱柜里拿出原料,给大蒜剥皮并将其压碎,切碎所有的蔬菜。这部分花的时间和工作量通常要远远超过实际的烹调时间!

餐厅深知这一点,所以他们会提前准备。主厨并非接到你的意大利面订单后才开始从冰箱里取出原料。厨房工作人员早已经"一切准备就绪",并将调味汁装入小菜盘里了。

这个过程之所以有效,是因为它将食物准备工作有序地分为两类:需要实时完成的任务(需要制作新鲜热菜的烹饪任务)和可以半同步完成的任务,这样就有了更宽裕的时间(布置和准备所有配料)。现在看来,每件事都同时进行并非全是好主意(想想微波炉正餐是多么倒人胃口)。但是,最近 HelloFresh 和 Blue Apron 等供应商抓住这一商机,通过同时做一些简单的准备,为我们节省了大量的时间,大大提高了效率。这也是为什么我们会更钟情于优兔、数字视频录像机(DVR)和网飞(Netflix)网站而非看电视直播,喜欢收发手

3　不断变化的学习境况

机短信和电子邮件而非手机通话，以及更倾向用优步网约车而非公交车的原因。这种方式对于食品、娱乐、通信、交通以及教育行业通通适用。

```
实时 ————————————半同步★———————————— 非同步
```

半同步：旧观念的新突破

非同步教育的理念，早在1844年伊萨克·皮特曼爵士在英国创办函授学院时就已存在了。[74] 然而，皮特曼函授学院证书的含金量，在当时还没有我们5年前或者说10年前大多数在线课程的含金量高，因为它太远离主流了。好在在Coursera和edX等慕课平台、MasterClass、Udemy和领英学习（LinkedIn Learning）等课程平台，以及包括我自己的公司Mirasee在内的众多商业教育领域的精品课程提供商的努力下，远程教育开始有了很大起色。打个形象的比方，如今网络课程的大众接受度相当于几年前的网络在线约会的状态——已经走过了令人惊奇或被人排斥的阶段，但还未到每个人都接触过的地步，更赶不上每五对新婚夫妇中就有一对是在网上认识的这样的情况。[75]

这种广泛的接受度，一方面是因为熟悉性，另一方面是因为便利性，但也在很大程度上反映了一个事实：在线课程的许多方面都变得更好了。正如布莱恩·卡普兰所写，"在线教育和传统教育相比，有着明显的教学优势"[76]，优势在于有效地节约了成本，可以"抛开教室"。学生根据自己的时间安排课程学习，可以通过暂停、倒退、加速来反复观看视频，直到他们透彻地掌握为止，然后再与老师或同伴进行讨论或合作。这不仅限于那些老教师的课，现在我们可以聘请到世界上最好的教师，并且让所有愿意学习的人都能获得他们的课程资源，无论他们的地点、时区或日程安排是怎样的。

> 现在我们可以聘请到世界上最好的教师，并且让所有愿意学习的人都能获得他们的课程资源。

我们已经历了 1.0 时代的在线教育，这里仍有巨大的成长和进步空间。最先要处理好的是：完全同步和半同步之间的关系。你可以在正式烹饪之前留有更多余地，来使你的意大利面"一切准备就绪"，但这并不代表你可以想当然地在任何时候去做。食材可能会不再新鲜甚至变质，所以虽然你可以在当天，甚至在那周提早准备，但如果采取完全不同步的方法，提前一整年将蔬菜切碎，那就大错特错了。同样，虽然许多教育形式可以半同步进行，但仍有一些情况在实时和面对面时效果最好。而这两种方式的结合，可谓相得益彰，创造了便利性、可负担性和有效性的完美平衡。

半同步教育也促进了学习境况的第二次重大转变，从"以备不时之需"（just-in-case）转变为"现学现用"（just-in-time）。

转变2：从"以备不时之需"到"现学现用"

1972年，莫琳·韦勒和托尼·韦勒夫妇买了一辆破旧的汽车，从伦敦启程"一路向东直至最远"。[77]两人最后在澳大利亚结束了旅程，一路上，他们匆匆记下了最值得一看的风景、吃过的美食和参加过的活动。这对夫妇热爱冒险，喜欢自己去探索世界。然而，并不是每个人都想像这样去冒险，而韦勒的笔记恰好为那些想要探索世界，但仅凭一己之力无法实现的人，提供了一本别开生面的基础旅行指南。这便是"孤独星球"的诞生。

说到旅行，那种对新奇和冒险的渴望与我本人的兴趣背道而驰。一想到要被扔到完全陌生的环境中还得在飞机上把一切都弄清楚，我几乎就会陷入恐慌之中。我大部分的旅行都是出差，即便从机场到酒店，我也希望路上尽量少有意外。

谢天谢地，现在有了信用卡、谷歌地图、缤客、优步、蜂窝数据网和搜索功能等，我们需要的任何信息都唾手可得，整个旅途变得无比便利和舒适，连我这种性格的人都想去旅行了。比如说，我第一次访问澳大利亚时，应邀参加了一个会议。除了打包行李、上飞机，到达后把剩下的事情捋清楚之外，我什么都不需要做。这是我们这个信息与服务"现学现用"时代的魅力所在：预先计划往往没有必要，而且多余。

不过，也有几个明显的例外。作为一个加拿大人，在出国旅行之前了解是否需要签证入境尤为重要，澳大利亚位于南半球,这意味着季节的反差(加拿大处于冬天时澳大利亚正处于夏天,反之亦然)。与在我的家乡蒙特利尔偶尔遇到的蜘蛛不同,澳大利亚的许多蜘蛛都是有毒的,应避而远之。这些事情如果"现学现用"往往来得太迟,提前知晓"以备不时之需"就显得格外重要,否则我可能被机场拒之门外,准备了不合时宜的衣服,或者被虫子无情地袭击。

这是教育界的第二次重大转变:从"以备不时之需"转变为"现学现用"。学习曾经是职业生涯开启之前你需要经历的一段时间漫长的活动,但在当今社会却行不通了。如今,当需要信息和培训时,相比从前我们能更加轻而易举地获得这些信息和培训。而时局的变化多端让曾经"以备不时之需"的知识在眼下已经变得过于陈旧且无关紧要了。这并不是一个边缘化的想法,哪怕在学术界都有很多人支持和拥护。哈佛大学前校长劳伦斯·萨默斯就公开表示:"我认为,你所学的任何东西在 10 年内都会逐渐过时,所以最重要的一种学习就是学会如何学习。"[78] 正如《领导学习革命》(*Leading the Learning Revolution*)一书的作者杰夫·科布所解释的:

> 你所学的任何东西在 10 年内都会逐渐过时。

> 几十年来,我们生活在一个"知识经济体"当中,一个由服务和信息化企业驱动的经济体。有些行业的知识虽还奏效,但太有限了,我们现在生活在一个"日日更新"的经济体里面,或者说是一个学习型经济体中。基于技术的发展,

我们的工作性质每年都在不断变化。[79]

而且正如罗希特·巴尔加瓦在《刻意选择——学会用左手吃饭》(*Always Eat Left Handed*)一书中所阐述的那样：更糟糕的是，或许我们所学到的"以备不时之需"的知识在需要之时还没被时间淘汰，但我们真正用得上它们的概率几乎和我们能记住它们的概率一样小。

从小学早期开始，我们的教育就鲜少与周围世界直接关联。这种教育大多属于"以备不时之需"的情况——我们之所以学习这些东西，要么是因为教育传统，要么是误认为终有一天我们可能要深入了解或我们选择的职业可能会用得上。微积分、美索不达米亚的历史、如何判断抑扬格五步……这些知识你可能会用上，也可能终生都用不到。遗憾的是，如果将来某一刻你确实需要了解其中的任一话题，对这个多年前学过的、未来可能会有用的知识，你在很大概率上已经记不起来了。[80]

向终身学习过渡

所以，如果答案不是在我们的职业生涯开始时接受大量教育，那是什么呢？正如波士顿东北大学校长约瑟夫·奥恩所写的："对于大学而言，只注重本科生和研究生在校期间的学习年限已经远远不够了。"[81] 答案是：教育的增量要小，要在我们整个人生中延伸开来，杰夫·科布称其为"另外50年"。[82]这可能会使教育总量增多，例如，斯坦福的"2025年重建教育未来计划"预测，目前18岁到22岁这4年的大学教育将会被6年所取代，而这6年又将蔓延到学生的一生。[83]

从受教育的学生年龄不断上升的百分比来看，教育正向着现学现用式的终身教育过渡。目前，在美国1.4万亿美元的学生贷款中，有17%属于50岁以上的人群，60岁以上的人群属于学生贷款市场中增速最快的年龄段。[84]正如奥恩所写的那样：

> 在2016年美国高校的2 050万学生中，有820万在25岁及以上。因此，有整整40%的学生年龄要大于"传统"大学生的年龄。到2025年，25岁及以上的学生人数预计将增加到970万。[85]

但即使在终身学习的背景下，花上整整一个学期进行技能培训也不切实际，更不用说花费一年或几年时间了。因此，课程会被缩短，学生在完成课程的同时，生活中的其余部分也会按部就班地进行。这是一种颗粒化学习（the granularization of learning），巴尔加瓦称其为"光速学习"（light-speed learning）。用他的话说，"短小精悍的模块学习，会使教育更高效、更有用也更有趣，受教育者也会更有参与感，任何知识都能被更快地吸收和掌握"。[86]像Udemy和Lynda等平台上的课程，或者专家用自媒体提供的课程都是如此。颗粒化学习更极致的体现是，人们对微学习和在应用程序［如多邻国（Duolingo）和Smart.ly］上学习的热情火速上升。

新的教育生态系统

因此，如果教育消费从一个人职业生涯开始前的4年变成6年，继而持续一生……那如何分配这6年的时间，才会对学生的生活产生影响并创造意义呢？教育将很可能被分为3类：基础教育、"最后一英里"教育和继续教育。

基础教育是人人必备的，它包括基本知识和基础技能、从任何事物中学习和领悟的能力、在社会中得以生存和发展的核心力——毅力。这正是当下大学声称其正在做和尽力在做的，但从投入的时间、金钱成本和结果来看，它们完全失败了。

"最后一英里"教育（在此向创造了这个术语的瑞安·克雷格致敬[87]）是一项专业技术培训，它在全面发展的基础教育和进入特定职业道路所需的特定技能之间架起了桥梁。目前，法学院、医学院、编程培训营和学徒课程都在以有些笨拙的方式完成着这项任务。它们也许效率不高，也非尽善尽美，但它们确实是通识教育走向专业职场的桥梁。

继续教育是我们为了能在"10年内一切所学都将过时"的世界中屹立不倒而不可或缺的途径。[88] 目前，无论是管理培训、在职学习、看书自学、优兔视频跟学、个人实践，还是各种渠道发布的在线课程，都还十分混乱，几乎没有监督管理或质量保证。

基础教育 ➡ "最后一英里"教育 ➡ 继续教育

要在这个领域有所突破并取得大的进展，我们还任重道远。然而，我们可以预期，在不远的将来，一条终身教育之路将从一年或两年的基础教育以及"最后一英里"教育起步，它们要么分开进行，要么捆绑在一起，剩下的4年教育将分散在我们日后的生活和职业生涯之中。

转变 3：从信息到转变

阿什利·布兰奇以平均绩点 3.941 分的优异成绩毕业于北卡罗来纳州的高点大学。她学习努力，在校期间也曾担任校学生生活工作办的助理，后来又在妇女和性别研究系做过助理。所以，当她开始进入职场求职时，她优异的简历符合人们对一个应届毕业生的期待。但她很快面临着让所有的年轻求职者都为之失望、沮丧的"第二十二条军规"：除非你有经验，否则雇主不会想雇用你；但当然，除非有人雇用了你，否则你无法获得工作经验。这个故事的结局，对阿什利和我来说都有好处。她是一颗闪亮的新星，2015年10月当她的简历投递到我的办公桌上时，我的直觉告诉我要聘用她，此后我俩都没有后悔过。

"第二十二条军规"是棘手的，但也是真实的。是的，最近的毕业生面临很多不利因素：数额庞大的学生债务，有学位的人遍地都是。这让他们很难从毕业生大军中脱颖而出，而大学课程所教的内容与雇主实际要求的技能普遍不符。但雇主对刚出校园的毕业生真正更强烈、更本质的担忧是：他们对一切都不了解。或者说，他们理论丰富，却不懂实际操作。引用史蒂芬·柯维的话，就是"知而不做就是不知"。

> 信息本身的价值已经大幅缩水。

公平地说，过去的知识比现在的更有价值。当《世界百科全书》还是我搜寻信息的最好途径时，为那厚厚的 26 卷大书支付高昂的费用是完全值得的。但今时不同往日了，现在有了谷歌和维基百科，只需敲几下键盘或发出一个语音命令，我们想知道的一切就唾手可得了，信息本身的价值已经大幅缩水。而真正重要的是我们用我们的知识做事的能力。这就是另一回事了。

学习与学做

纯粹的知识内容很容易传授，只需一个恰到好处的解释和适量的重复，你就能很好地掌握了。到目前为止，你在本书中所读到的一切都是关于这一点很好的诠释。希望我的解释足够清晰，足够有吸引力和说服力，通过它们，你能捕捉到当今教育的问题之所在，并明白它是如何变化的。但这并不意味着你有能力去做什么。为此，你需要的不仅仅是一个解释。

培养一种能力或技能可以从阐释和重复开始,但它仍需要在现实世界中实践,一个有效的反馈可以告诉你是否在走正道,是否需要纠正你现在的路线,并给你调整和检查最终的结果的机会。世界上多数教育尽管在传授知识方面做得不错,但在传授技巧方面远远不足。

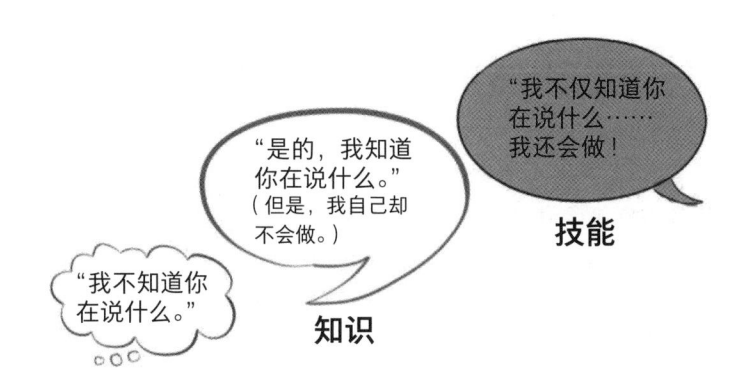

"我不仅知道你在说什么……我还会做!"
技能

"是的,我知道你在说什么。"
(但是,我自己却不会做。)

"我不知道你在说什么。"
知识

对于这种学习,只在教室进行当然不够。我们需要体验式教育,尽管体验式教育在当今的教育中只占较少的比例,无论是合作式教育、兼职或短期实习、工作见习、留学项目、服务和服务型学习或者本科生研究项目,体验式教育一般都是通过学徒或实习的形式来开展的。[89]体验式教育做得好,会带来巨大的影响和极高的价值。可遗憾的是,绝大多数时候,它们的表现差强人意。

最糟的是,一些公司会借此机会获取廉价劳动力,学校也会从中套利。学生浪费了大量时间在整理归档、端茶送水或者一些与学习技能和专业知识毫不相关的工作上。

当然,有些实习机会会好很多。实习单位会让学生参与有趣的工作,让他们有机会获得实践经验。这对学生来说极其宝贵,但一些老师对此却一再逃避,他们承认,自己设计不出一种比把学生丢到真实环境中更有效的学习课程,这种形式固然很好,但这样的话学生也就不再需要指导老师了!

将从真实世界中获得的经验、相关的课堂学习过程以及对经历的拆解相结合,这些是"混合学习"(blended learning)模式行之有效的必要条件。我们需要它发挥效能,因为如果学生没有经历真正的转变,教育也就毫无意义。可是要实现这一点尤其困难,因为人各有异,对一个人有效的方式,不见得对另一个人也有效。

转变的崎岖之路

2006年,肯·罗宾逊爵士登上了TED会议中心的讲台,发表了他著名的演讲《学校会扼杀创造力吗?》(*Do Schools Kill Creativity?*),他讲述了吉莉安·林恩的故事。20世纪30年代,吉莉安在还是个孩子的时候总会坐立不安。学校向吉莉安的母亲抱怨,于是母亲带着她去咨询专家。在与吉莉安的母亲进行了一番长谈之后,专家把吉莉安单独留在一个房间里,打开了收音机。他和吉莉安的母亲看到吉莉安随着音乐翩翩起舞,这让他做出了诊断。"吉莉安没病,"他告诉林恩太太,"吉莉安是个爱跳舞的孩子。"

这个诊断费确实花得物超所值。吉莉安·林恩日后成为有史以来最成功的编舞师之一，凭借着《猫》和《歌剧魅影》等的编舞在百老汇名声大噪。这个故事中的专家应该受到赞扬，原因有二。第一，他并没有随意断言吉莉安有病，并随便打发她服用利他林或其他20世纪30年代的类似药物。第二，他慧眼识珠，看到了吉莉安独有的舞蹈天赋。

在前一章中，我们探讨了要与现代社会保持关联就要深入开发自己擅长而计算机不能做到的事情，但我们擅长的事并不相同。这是哈佛大学教授托德·罗斯的研究重点。然而，大多数学习过程都围绕着这样一种思路展开：人都是一样的。罗斯认为，没有人是真正平庸的，我们都各有所长，也各有缺点。[90] 有的学生在阅读和写作上能力绝佳，却为几何中的空间推理而懊恼沮丧。有的学生可能热爱科学，梦想着自己动手做实验，但同时也是一个阅读速度慢、被教科书中的解释弄得焦头烂额的人。还有的人甚至可能在课堂上坐立不安，却有潜力成为世界上最伟大的编舞师之一。

因此，要使学习真正具有变革性，我们必须因材施教，根据学习者的独特优势为其定制学习内容。这样做的另一个好处是更能吸引学生的注意力。然而，在当下，仅仅吸引学生的注意力已经变得越来越难了。

转变4：从强制到主动

2011年，塞巴斯蒂安·特龙在斯坦福大学讲授的《人工智能入门》课程在互联网上向所有想参加的人免费开放。16万名追随者促使特龙离开了斯坦福大学，顺势成立了一家名为Udacity的大型慕课公司。特龙的课程令人难忘，也十分鼓舞人心，这使他在第二年获得了史密森尼美国教育创新奖。[91]

到2013年，在这项事业的全盛时期，他的在线课堂学生注册量高达160万，但特龙还是毅然决定放弃慕课。为什么呢？原因很简单，这个概念未见成效，只有7%的学生在在线课程中真正做到了有始有终。[92]存在这种情况的并非只有Udacity这一家，大量的调查显示，所有的慕课课程的完成率最高在15%。[93]我们做个比较就更加清楚了，即使是像凤凰城大学那样的营利性大学，毕业率最差也在17%。[94]由于慕课的模式似乎还有缺陷，所以特龙把注意力转向了类似纳米学位这样的新机遇。

为什么慕课的完成率如此之低？是学生不想学吗？人们从根本上就没有能力去完成他们想做的事情吗？或许原因很简单：慕课提供了太多的自由空间和选择余地。

想想看，纵观几乎整个教育史，教育都不是选修的，不是可以任选的。以基础教育为例，不同司法管辖区的法律各不相同，但总的来说，如果子女不上学，父母将因此被追责。所以作为孩子，我们去上学是因为国家规定必须上学。雇主提供的继续教育也是如此，如果老板让你去学习，你就得去，想保住饭碗就不要质疑。

有一种教育并非强制性的，却近乎强制。例如，上不上大学并非法律强求，但它在我们的文化之中根深蒂固，很多人不惜一切代价也要完成大学教育。同时，我们还要考虑沉没成本的问题以及我们可以为此投资多少。即便本科或研究生教育在技术上并非是完全强制性的，一旦我们签署了文件并承担了债务，我们也得尽心尽力地完成它。

但正如我们在从"以备不时之需"到"现学现用"的转变中所看到的，教育正在从一个在职业生涯开始前参加的为期4年的项目，转变为一个总计6年且有增量的项目，由我们有生之年中的许多个人决定组成。[95] 与其说承诺来自数万美元的债务加上数万美元的机会成本，不如说每一个决定都要付出数百或数千美元，再加上几周或几个月的兼职工作。这并不是说我们会浪费时间或金钱，但这些的确是我们需要承受的代价。

我们以前也有自己的周密安排，你一旦开始上课，就必须每周二下午3点准时出现在407教室。但是，随着课程进入在线和半同步状态，你可以随时开始，想什么时候学就什么时候学，整个课程想学多久就学多久。我们可以自由选择和决定，这将大有好处，但是对那些还没做好准备的学生来说，做好自我管理将是一个挑战。

注意力持续时间并未缩短

也许你听说了互联网上的统计数据，我们注意力的持续时间比金鱼的还要短。这简直是胡说八道，如果有人认为，在一个我们可以守着网飞节目持续看上好多个小时的时代，人的注意力持续时间反而在缩小，那他可能要重新审视下他的说法了。这一统计数据来自一则炒作消息，是对微软公司 2015 年一项研究的错误解读。该研究显示，受试者的注意力从放在眼前的东西上离开的时间大约为 8.5 秒。[96] 我们所谓的"注意力持续时间缩短"指的并不是注意力分散，而是洞察力的改变。它真正告诉我们的是，受试者会用 8.5 秒的时间决定眼前的东西是否值得继续关注或是否应该转向其他的东西。

> 我们所谓的"注意力持续时间缩短"指的并不是注意力分散，而是洞察力的改变。

这是一个具有挑战性的现实，根据过去的教育经验，有些课堂拥有大量固定的观众，老师不必做什么就能轻易获得学生的注意力。但现在老师们在进行演讲、培训或视频授课时却面临着竞争，而竞争对手并非大厅或教室里的其他老师。每次我们登录一门课程的界面都需要付出意志力，而我们在每节课上的体验，无论是积极的还是消极的，都会被拿来与网飞电视节目、TED 演讲视频或电脑游戏进行无形的比较，都会影响我们下次登录时的动力和决心。

课程设计者可以采取两种方法来克服这一困难。首先是取消一些自由选项，对课程的开始日期、结束日期和最后期限都做好严格规定，学生如果想要保持良好的信誉就必须按时上课、完成作业等。换句话说，这是从不同步完成回到半同步完成。这是赛斯·高汀的altMBA能创造出让其引以为豪的96%的完成率的关键所在。[97]

第二种方法是，开发足够具有吸引力的课程来供学生选择，而不是靠其他方式去吸引他们的注意力。这其实并不简单，而且成本也很高。这门课需要有优秀的教师或有名气的导师、具体计划和教学大纲、良好的互动和课堂氛围。在MasterClass和总部位于洛杉矶的初创公司Jumpcut中可以找到这方面的早期的优秀范例。

教育的实施方式正在从"实时"到"半同步"，从"以备不时之需"到"现学现用"，从"信息"到"转变"，从"强制"到"主动"不断变化。这些都是巨大的变化，每一个变化都对教育现状产生了重要的影响，就像一部具有短信功能的手机有可能会对《绿野仙踪》《小鬼当家》或《蝙蝠侠》的情节造成的破坏一样。这些都不是假设的情况或对未来的猜测，它们现在已经真实存在了，并且也在改变着我们提供和消费教育的过程。

在上一章中我们探讨了"教什么"的变化，现在又讨论了我们该"如何教"的改变。还有一个非常重要的问题急需我们回答，那就是：谁来提供未来的教育？接下来的两章将通过对教育经济学的探索来回答这个问题。

教育的 4 种转变

实时 ➡ 半同步

以备不时之需 ➡ 现学现用

信息 ➡ 转变

强制 ➡ 主动

自我评估

你想测试一下自己对刚才所讨论观点的理解吗？或者你想与感兴趣的朋友和同事讨论一下吗？这里有几个问题可以帮助你。

1. 重塑学习环境的 4 个转变是什么？
2. 与传统教育相比，在线教育有哪些教学优势？
3. 半同步教育与实时教育或同步教育有何不同？
4. 以备不时之需和现学现用有什么区别？
5. 过去人们在 18~22 岁期间通过 4 年的集中学习为职业生涯做准备，但根据斯坦福 2025 年关于教育未来的项目，这将被什么取代？
6. 为什么信息（"学什么"）不再是教育的结果？
7. 什么是"体验式"教育？

8. 在线课程的完成率很低，通常在 7%~15% 之间。这是为什么？
9. "人类的注意力时长比金鱼的还短。"这句话是对还是错？为什么？
10. 在线课程创建者可以采取哪两种方法来提高完成率？

如果你想更深入地了解本章的内容，这里有一些好书供你参考：

- 杰夫·科布的《领导学习革命》
- 詹姆斯·斯泰拉的《有效教育》（*Education That Works*）

4

新教育经济学

美国早期的汽车工业很大程度上是由两个人塑造的：亨利·福特和威廉·杜兰特。汽车并不是他们中的任何一位发明的，但他们的努力为这个已存在100多年的工业奠定了坚实的基础。

亨利·福特的故事想必家喻户晓。他的福特汽车公司成立于1903年，当时有数百家公司都在汽车行业寻找获利的机会。1908年10月1日，第一辆福特T型车在底特律的皮格特大道工厂正式诞生。这款车在当时是一款品质优良的好车，而真正的创新紧随其后：1913年，汽车制造转变为流水装配线上的大规模生产。到1927年，T型车已经生产了1 500多万辆，成为有史以来生产持续时间最长的车型。这个纪录一直到1972年才被大众甲壳虫打破。

从履历来看，福特在成立福特公司前对当时的主流交通运输业"马车运输"并没有多少经验。他在密歇根的农场长大，因为讨厌农场工作而离开家，但他十分热衷于机械。15岁那年，他把朋友和邻居的时钟和手表拆开重装，并因此赢得了"钟表修理能手"的称号。他接着从事了一系列机械工作，在28岁时被爱迪生照明公司聘为工程师，在那里他修理了一辆被他称为福特四轮车的自驱式汽车。5年后,他被介绍给了托马斯·爱迪生,爱迪生对他的汽车实验很是赞许,在这之后福特就开始着手单干。

还有威廉·杜兰特。1886年,他与J·达拉斯·多特一起创立了杜兰特-多特马车公司。到1900年,该公司成为该行业最大的制造商,每年生产的马车数量多达56 000辆。可好景不长,17年后,他们制造了最后一辆马车。汽车遍布各个街道,马车也退出了历史舞台。

但那并不是杜兰特故事的结尾。他敏锐地看到了机会,在1903年至1908年间,他拥有几家福特汽车经销商。他从马车行业获得了财富,同时也看到了马车行业的衰退趋势。1908年9月16日,杜兰特成立了控股公司"通用汽车"。第二天,通用汽车收购了别克汽车公司,并迅速收购了20多家公司,其中包括奥兹莫比尔、凯迪拉克和后来被改名为庞蒂亚克的奥克兰。杜兰特在1911年被迫退出公司,因此他与路易斯·雪佛兰合伙,在1915成立了雪佛兰汽车公司,并于次年重返通用汽车。

这两位汽车工业创始人之间的对比反映了一个重要问题:创新通常来自哪里?是像杜兰特一样来自本行业呢,还是像福特一样来自其他行业?换句话说,谁的故事是例外,谁的故事符合传统呢?

历史上多的是福特，而非杜兰特

在政界，已经拥有实权和地位的现任者要想竞选连任比起新来的挑战者有着明显的优势。一部分原因在于他们的知名度和声誉，一部分原因在于他们通过自己的渠道可以接触到更多的人脉，还有一部分原因是他们在职期间累积的财政资源。总的来说，结果表明，自20世纪60年代以来，至少80%的政界现任者在美国国会选举中击败了他们的挑战者。[98]

现任者的优势不只体现在政治领域中的影响力和资源这两个方面。20世纪初，像杜兰特这样的运输行业的"现任者"已经建立了声誉、关系和基础设施，这让他们能够接触到更多的客户，过去的成功为他们提供了大量财力和各种资源。福特不得不从零开始建立公司，但杜兰特却有足够的资源买下别克、奥兹莫比尔和凯迪拉克，并将它们合并为通用汽车。这些都是挑战者在与强劲的现任对手交锋前会犹豫不决的原因。

然而，尽管有这些优势，历史上仍有许多现任者被革新者击败的例子。亚马逊并不属于传统图书出版业，iTunes也并非来自音乐界，优步则向地位牢固的出租车公司发起了挑战——所有这些挑战者都遇到了重重险阻和令人难以置信的阻力。爱彼迎（Airbnb）并非靠酒店业起家的，特波税务软件（TurboTax）或法律文件创建网站LegalZoom也并非来自大型会计或律师事务所。计算机鼠标和图形用户界面开发者是施乐（Xerox）公司，它的商业成就却来自苹果和微软。同样，数码摄影技术在柯达（Kodak）公司内部也是首创，但柯达并未从中获利。尽管全球视频租赁公司百视达（Blockbuster）有着巨大的库存和仓储，却被横空出世的一匹黑马——网飞公司的邮寄 DVD 租赁服务横扫了市场。

这样的例子有很多，简直不胜枚举，汽车行业也是如此。虽然汽车行业刚刚起步时出现了令人兴奋的成功，但最后一家成功的初创汽车制造商是底特律一家成立于 1925 年的名为克莱斯勒（Chrysler）的小公司。在福特公司差不多成立整整一个世纪后，在加州的帕洛阿尔托，一家名为特斯拉（Tesla）的公司成立了，它的势头给汽车行业带来了天翻地覆的变化。埃隆·马斯克是该公司的创始人，他是一位具有颠覆性的创新者，也是亨利·福特所代表的传统汽车行业的局外人。

结论很明显：杜兰特的成功是意料之外，福特的则是情理之中，尽管现任者福特占据天时地利。这就引发了一个问题：现任者拥有了一切优势，但为什么还是经常在竞争中失利呢？一个重要的因素是，直到最后他们看起来都好像是胜利者一样。

传统、惯性与创新者的困境

假如你是一个发展中小国的专制领导人，从人民的角度来看，现有的制度可能不太理想，但从你所处地位的角度来看，情况却是相当不错的。你有钱、有权，拥有几乎任何你想要的东西。当然，除了尊重你的人民，他们可能不买账，但你可以征收税款，拥有军队，这些都是现任者的优势。历史证明，你可以用铁腕的监禁和处决来对付周期性的暴动和抗议。所以，当国际社会对你指手画脚时，你只不过是耸耸肩，仍然我行我素。

在这种情况下，你就像纳西姆·尼古拉斯·塔勒布在《黑天鹅》(The Black Swan)中所描述的"火鸡"一样。在1 000多天的时间中，火鸡由农夫养大、喂肥，生活中的一切都是美好惬意的，火鸡从未意识到每一天都离被屠宰更近了。正如塔勒布所写："试想，火鸡的安全感达到最高时，它被屠宰的风险也就到达了顶峰！"[99]暴君也是如此，他成功地镇压了一切造反，直到他的头被挂在了长矛上！

现任者的情况与此相似，表面上看一切风平浪静，直到一切突然分崩离析之时。任何特殊的境遇就像一场政治斗争，现任者坐拥得天独厚的优势，但随着时间的推移，现任者几乎都将以失败而告终。为什么他们总是盲目自大、墨守成规，以至在重大事件中几乎不可避免地败下阵来呢？

对于刚刚起步者来说，首先，现任者通常埋头于当前的工作方式，因为一旦情形改变，他们就要承担大量的损失。在出租影片的公司百视达看来，批量邮寄DVD租赁服务的潜在收入比起从实体店租赁获取收入的实际风险更高、投机性更大。同样，取消滞纳金肯定会带来损失，但相比之下，这样做有助于赢得客户的忠诚度，这种好处很难被一一列举出来。现任者在原有的事情上已经形成了固定的思维模式。改变现状需要彻底改变原有的体系和方式。这就意味着，现任者在使用新模式时，现任者本身的优势越大，在转向新模式时，颠覆（即损失金钱和工作）的代价就越大。这违背了人的利己主义。正如普利策获奖作家厄普顿·辛克莱所说，"对全靠'不懂事'而领薪的人，你很难让他'懂事'"。

此外，判断新机会是否可靠也是个挑战。一种"我们从来都是如此"的感觉很快转变为"如果有更好的方法，我们早就这么做了"。这让人们对有可靠数据支撑的新机会产生了怀疑，比如塔勒布讲的火鸡的故事。接受变革尤为困难，你即使能做到，也很难同时面面俱到，因此克莱顿·克里斯坦森在《创新者的窘境》（*The Innovator's Dilemma*）一书中建议，大公司的创新活动最好秘密进行，公司可以成立独立的科研部门，在那里找寻应对挑战的办法。

所有这些因素不断地阻止创新进入拥有优势的公司，比如微软、诺基亚或苹果公司等，我们有充分的理由相信在教育领域也同样如此。

考虑一下这种教育结构：在开始职业生涯时，先接受一年或两年的基础教育和"最后一英里"教育，然后是分摊到终生的4年的继续教育。

基础教育 ➡ "最后一英里"教育 ➡ 继续教育

要达到我们需要达到的水平，在这些领域还有很多工作有待完善。然而，可以预期的是，在不久的将来，一条终身教育道路将从一年或两年的基础教育和"最后一英里"教育起步，它们要么分开进行，要么捆绑在一起，剩下的4年教育将分散在我们日后的生活和职业生涯中。可谁又将为我们提供这些基本的教育"基石"呢？

干扰大学创新的因素

教育的转变最有可能损伤的是大学，在全球4.4万亿美元的教育市场中，大学占据超过40%的份额，[100]高等教育体系就像是一名孔武有力的现任者。因此，它背负着所有阻碍现任者创新的阻力，还有一些阻力是这个行业独有的。在亨利·福特的时代，仍会有像威廉·杜兰特这样的逆流而上者。但如今的大多数高等院校更像诺基亚和黑莓手机，在iPhone推出后的两年内虽然依旧存在，但再未有更好的发展。在我们对创新方式寄予厚望的同时，也有着太多的干扰因素阻碍其继续前行。这些干扰因素包括：

认知惯性。对高等教育来说，最大的阻力就是其以往的辉煌以及对变革的无视。如今院校系统中的中层管理者和教育者大多成长于20世纪八九十年代，当时高等教育的前景和价值与现在大不相同。人们对事物根深蒂固的感受往往难以撼动，即便有越来越多的证据表明今时不同往日，它们也可以被合理化。即便美国当下的在册大学生比5年前减少了240万，[101]系统中仍然有2 000万学生，这相当于每年6 000亿美元。多么

> "虽然给本科生上课是教授工作的很大一部分，但我们的教授在学界的成功又往往与他们避免给本科生上课的能力相关"。

惊人的数字，可类似法学院的学生人数急剧下降这种反常现象，很可能就预示着将有大事来临。

研究重心。大学之所以承担着教学和研究的双重重任，既有重要的历史原因，也有很大的现实意义。然而，这导致了激励机制的错位，使得当下急需的创新变得异常艰难。简单地说，学术界因研究和出版而繁荣兴盛，并非教学。正如瑞安·克雷格所写的那样，"虽然给本科生上课是教授工作的很大一部分，但我们的教授在学界的成功又往往与他们避免给本科生上课的能力相关"。[102]

缺乏对就业能力的关注。高等教育注重科研的另一面是对学生的就业能力关注不够。尽管顶级大学热衷于吹嘘毕业生自报的就业率和薪水，但事实是，对就业能力的关注主要落在大学的市场部门和就业服务项目上，而这两者都与学校的承诺或学生获得的经验相去甚远。

获得专业知识。即使大学能够克服认知惯性，力图改变，它们也会发现自身缺乏改变相关的专业知识。从"以备不时之需"到"现学现用"的转变意味着只有真正立身于行业前沿的人，才具备学生真正要学的专业知识。一般来说，这些人在大学以外的地方从事着报酬丰厚的工作。如果他们转到全职教学岗位，那么不出几年他们的专业本领也会过时。

终身任期制度。就算大学能克服自身认知惯性，可以找到愿意教书的合格专家，并且专家能够以某种方式保持在其领域的前沿。大学仍然受到终身任期制度的约束。大学提供永久职位最初旨在保护学术自由，其理念是：如果学者能够自由地持有和审视不同观点，不管这些观点与当下正统观点是否一致，这都有益于社会。但这种制度也意味着终身教授只有在极其特殊的情况下才会被解职，这导致大学里的职位空缺更少。终身教授还享有高度教学自由，于是更倾向于讲授与个人兴趣相一致的东西，而不是学生想要和需要学习的东西。

认证。认证是最早形式化的信号。随着高等教育院校在世界各地的兴起，我们需要某种方法来甄别哪些毕业生具有真才实学，于是认证行业诞生了，多个不同级别的认证者和认证机构会对院校进行监督认证。[103] 从根本上说，其工作方式是，课程设计完成后，院校会向认证机构展示大纲，然后得到标志着其被认可的印章。从那时起，课程内容只能被微调，否则就需要重新获得认证机构的认证，这就给纷繁复杂的程序又加上了一层官僚主义的作风。

巨大的成本负担。因为信号保证了良好的就业态势，学位的主要功能是"让商业精英的子女与社会大众区别开来"。[104] 高等教育本质上是一种奢侈品。它们在美丽奢华的校园、大学体育等方面投入了大量资金，以至每1美元学费中，只有21美分真正用

> 每1美元学费中，只有21美分真正用于教学！

于教学！[105]当这些院校在努力适应全新的教育环境时，这些成本对它们来说都是沉重的负担。这就是那些已经收取了6位数学费的大学还时不时叫你捐款的原因。为了展示这种情况的荒谬性，请在谷歌上搜索"英语专业的约翰·木兰尼"（"John Mulaney Majoring in English."）。

最后一项因素对高等教育的重压尤其明显，即便其他一切都能克服，在高等教育体系中，金钱也是一项让大多数现任者都无法直面的因素。理解这一部分需要费些力气，但这很重要，因为经济将是高等教育最终的决定因素。

整合：当产业都走到了一起

1983年，美国媒体90%的所有权被50家公司瓜分。到2012年，50家下降到6家媒体巨头，它们控制了美国人90%的阅读、电视和广播内容：康卡斯特电信公司（Comcast）旗下拥有美国全国广播公司（NBC）、环球影业（Universal Pictures）和焦点影业（Focus Features）；新闻集团（NewsCorp）拥有福克斯（Fox）、《纽约邮报》和《华尔街日报》，后来被亚马逊创始人杰夫·贝佐斯收购；迪士尼公司旗下拥有美国广播公司（ABC）、娱乐与体育电视网（ESPN）和皮克斯公司；维亚康姆集团（Viacom）旗下拥有美国音乐电视频道（MTV）、尼克儿童频道（Nickelodeon）和派拉蒙影业（Paramount Pictures）；时代华纳（Time Warner）旗下拥有美国有线电视新闻网（CNN）、家庭影院（HBO）和《时代周刊》；还有哥伦比亚广播公司（CBS）拥有娱乐时间电视网（Showtime）和史密森频道（Smithsonian Channel）等。

人们可以在一个又一个的行业中看到这种整合模式。一些大公司重组是为了形成更大的公司，比如1986年的"九大"会计师事务所，在21世纪初合并为"四大"会计师事务所。[106] 一个新兴市场的领导者可能会将其他所有公司远远甩在身后，比如"谷歌"在搜索引擎中独占鳌头，把第二名必应（Bing）公司远远甩在身后。大多数人根本不记得像远景公司（AltaVista）、莱科思（Lycos）或Mamma这样的竞争对手。在一些行业的金字塔顶，你只会发现少数巨头，如飞机制造、电信或咨询行业等。市场中盛行着单一型"赢者通吃"的模式，其中最强大者就拥有最大的份额，余者则瓜分着剩余的少数份额，比如，流媒体视频平台的网飞公司、葫芦网（Hulu）和亚马逊，网约车平台的优步与来福车（Lyft），或社交网络平台的脸书与领英（LinkedIn）等。

一加一大于二

合并通常会产生一加一大于二的情况，例如，一对夫妇一起组建家庭。我一个人可以做很多事情，我妻子也是，但要有孩子，我们就需要彼此。就我们的情况而言，一加一等于四。

同样的条件也适用于工业体系。如果20家公司各自投资

4　新教育经济学

100万美元解决一个问题，而第21家公司投资2 000万美元解决同样的问题，那么最后一家公司就有明显的优势。总体来看这种整合的优势更大，它效率更高，减少了很多重复性工作。节省下的资源可以再次投入生产，节省下的开支也可以回馈给客户。只要消费者总数和消费金额足够大，整合就会变得更加合理有效。换言之，当足够多的人需要同样的东西时，没有理由不让一个大整体来提供这些东西。

富人越来越富

最后，还有富人越富的"飞轮效应"。试比较一个普通的美国人（净资产为44 900美元[107]）和沃伦·巴菲特（净资产超过800亿美元）的情况。假设两人都以他们的全部净资产投资，暂且不论巴菲特料事如神的投资方法，只是说他和这个普通的美国人每年都会得到8%的相同回报率。一年后那个普通人的净资产将增长超过3 592美元，而与此同时，巴菲特的净资产则将增长超过60亿美元，悬殊之大会让你觉得如此不公！投资的一项功能就是其回报率，你投入的越多，回报也就越多。

这就是为什么诸多行业都要从"抢占市场"开始，即企业竞相"快速做大"——这条准则在互联网泡沫时代被推到了极致——因为一旦你能从竞争中脱颖而出并领先起跑的话，这一优势便会带来一种复利的效果。举个例子，想象一下，你带着每一项都不输谷歌的搜索技术与谷歌同场竞技，即使你和谷歌站在同一条起跑线上，你也难以取胜，你的进步创新速度全凭一己之力，而谷歌则由成千上万的工程师组成的军团共同推动。

因此，当经济规模可以使一加一加起来大于二时，行业就会整合。企业可以借此集中资源、利用现有领先优势通过"飞轮效应"进一步提升效益。这种逻辑思维在很大程度上也适用于教育领域。

基础教育、"最后一英里"教育和继续教育的全面整合

在美国乃至全世界数以千计的大学中，几乎每一所大学都开设了与基础学习领域相关的基础课程。导论类的课程通常在可容纳数百名学生的大礼堂里讲授，与学生的大部分互动和解答学生的提问都是由助教完成的。如果世界上最好的老师也能讲授同样的课程，就像 Coursera 在线平台上的慕课课程一样，那么其他数千名水平不一的教授再来讲授同一门课程还有意义吗？

当然这并不适用于所有情况，但对大多人所需要的教育和培训来说却十分适合。不可否认，每个人都需要基础教育，也需要进入职业生涯前的"最后一英里"教育，以及最受欢迎的继续教育。虽然可能开设的课程种类繁多，但目前美国学士学位课程中 1/3 的学分都集中在 30 门课程中，[108] 这些课程具有足够的吸引力，适合合并。在这些情况下，大量的人都需要学习同样的东西,若提供同类别中最优秀的课程,而不是学生各自上着水平参差不齐的课,那么学生的收获会大得多。

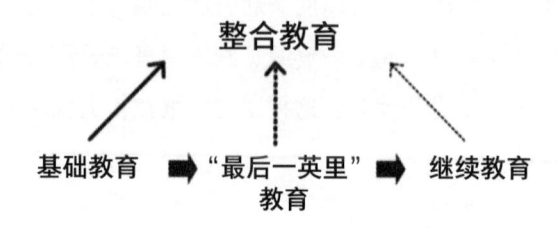

整合教育

基础教育 ➡ "最后一英里"教育 ➡ 继续教育

要记住,整合教育适用于一加一大于二的情况。在这种情形下,一个大型组织对资源的部署,会比多个小组织的协同效应和效率更为出色。它通常发生在有很多人追求同一样东西的领域。整合教育的提供者人数相对较少。而提供者可能在3个领域出现:顶尖大学、人力资源公司和新兴企业。

顶尖大学。如果非得让我预测当今的大学将朝哪个方向发展,我认为是提供最为主流的基础教育课程和逐渐流行起来的继续教育课程。毕竟,这是它们今天为之努力的,但还未大获成功的方向。因为整合之下的胜者毕竟凤毛麟角。实际上,这样的建议对于大学来说是很恐怖的。由于其信号的部分价值来自其稀缺性,如果它们在市场主流需求下向我们提供课程,它们的课程就会有被商品化和贬值化的危险。换言之,虽然来自哈佛、麻省理工、斯坦福等顶尖大学的课程可以在网上廉价甚至免费获得,但若人人能轻而易举地获得这些名校的学位,其价值定会暴跌。当然,名校知名度和声誉的确赋予了课程极大优势，而且它们有财力承担风险：5所最富有的学校各自就拥有220亿至380亿美元不等的捐赠。[109] 每一所都高于世界近一半国家的国内生产总值。总共加起来甚至超过本书写作时摩洛哥（人口约3 500万）或乌克兰（约4 500万）等国的国内生产总值。[110] 如果院校领导方有兴趣尝试的话，他们完全有能力为多次的冒险和反复的试验买单。

人力资源公司。"最后一英里"教育最有可能来自人力资源公司。2016年，人力资源在全球是一个价值4 280亿美元的行业，[111] 市场领导者如德科（Adecco）、任仕达（Randstad）和万宝盛华（ManpowerGroup）等人力资源服务公司每年的收入在200亿美元左右。它们的收益与它们寻找和配备技术人才的能力直接相关，仅美国的技术工人短缺市场就价值数百亿美元，因此它们的动机极为强烈。一方面，与高等教育的现任者不同，这些公司进入这个领域开展主流培训不会造成任何损失。另一方面，这也意味着它们向当前业务范围之外迈出了重要的一步，这需要远见卓识，也需要风险预测能力，更加依赖专业知识，只可惜它们尚未拥有这方面的能力。

新兴企业。这是第三扇神秘的大门。我们可以猜测，在即将到来的混乱中，哪些拥有资源和优势的现任者最有可能脱颖而出。就像威廉·杜兰特一样，作为马车业巨头，他整合了自身优势并出色地开创了通用汽车。然而，历史告诉我们，创新通常来自外来新势力。早期的代表有亨利·福特，近些年来则有创立特斯拉的埃隆·马斯克。尽管创新者击败现任者的可能性很小，但是现任者最终会被创新者取代的可能性仍不能小觑。许多初创企业正试图打破僵局，开辟教育的全新领域，包括我自己的公司 Mirasee 和我将与大家介绍的其他公司，甚至还有风险投资基金[112]也在努力抓住这个商机。在谈到主流教育的未来时，也许最佳留言是"拭目以待"。

我们可以预期，未来教育的很大一部分将集中在少数顶级教育提供者手中，至于这些提供者最可能出现在哪里，我已经分享了我大胆的猜测。但那只是故事的一半，因为就在教育领域的一部分被整合的同时，另一部分却在分崩离析。

自我评估

你想测试一下自己对刚才所讨论的观点的理解吗？或者你想与感兴趣的朋友和同事讨论吗？这里有几个问题可以帮助你。

1. 创新通常从何而来，是从行业内部，还是其他地方？
2. 现任者的两大优势是什么？
3. 为什么现任者不太可能接受变革和创新？
4. 阻碍当今高校创新的主要因素是什么？
5. 大学既是教学机构又是研究机构，这种情形是如何妨碍教学的有效进行的？

6. 终身任期制是如何约束教学的?
7. 哪些条件为整合奠定了基础,这些条件如何适用于高等教育?
8. 基础教育、"最后一英里"教育、继续教育这三类教育的最佳提供者分别是谁?
9. 人力资源公司在改善高等教育上面临着哪些困难?
10. 有哪些迹象表明,新兴企业正在教育领域进行颠覆和创新?

如果你想深入了解本章的内容,这里有一些好书供你参考:

- 瑞安·克雷格的《新型大学》(*A New U*)

5

向专家学习

20世纪70年代早期，科幻小说迷的选择余地很少。只有几部电影、几本小说和三季最初版本的《星际迷航》。第一届圣迭戈国际动漫展于1970年举行，当时大约300名参会者蜂拥而至，观看雷·布拉德伯里、杰克·科比和A. E. 范·沃格特等嘉宾的演讲。

再快进几十年，科幻迷就有幸拥有了更为丰富的选择，包括《星际迷航》系列的衍生作品，《星球大战》的续集和前传，漫威漫画，《黑客帝国》和《终结者》等电影系列，《迷离时空》、《X档案》、《神秘博士》和《太空堡垒卡拉狄加》等电视剧，还有由电影改编的电视剧《星际之门》，被砍掉的《萤火虫》和网飞公司的《超感猎杀》这样的邪典系列，甚至还有恶搞电影《惊爆银河系》。这不仅仅是选择媒体的问题，也是选择阵营的问题，比如《星际迷航》对《星球大战》、《星际旅行：深空九号》对《巴比伦五号》、《X战警》对《复仇者联盟》等。更不用说每年的漫画大会了，每次大会都会吸引超过10万名粉丝参加。这个行业非但没有被整合，反而还爆炸成了更多的碎片！

这极具启发性，因为在教育界我们也看到了同样的模式，就在一些行业被整合的同时，另一些行业正在不断分裂。让我们来探究一下是什么导致了这种分裂，以及它对教育的意义。

分裂：当产业分解时

有时行业并不会合并，事实上，它们会分裂成更多的碎片。回到上一章中的媒体的例子，这是项有趣的对比研究。在50家小媒体公司聚合成6大媒体的同时，其中3家电视台（美国广播公司、哥伦比亚广播公司和美国全国广播公司）的频道数扩展为平均每家189个。2014年，平均每个美国家庭会收看17个频道，[113]更不用说网飞、葫芦网还有优兔上的所有节目了！

图书业是这种分支模式的典型案例。在亚伯拉罕·林肯的时代，一个人一生中有机会读几十本书是很幸运的，可供阅读的书总计只有几千或者上万本。20世纪初，图书生产的速度增长到每年近1万种新书。到2010年，全球每年会出版约300万种图书。[114]当然，这是不断累积而形成的结果。谷歌在2010年的报告称，当时有近1.3亿种图书存在，[115]而其中将近1.5万种是关于林肯的！[116]

多种多样的获胜方式

分化之所以会发生，原因之一就在于存在不止一种成功的途径。分化有时是出于实用。锤子只有一种形态，只能用于钉钉子。但螺丝刀就大不一样：有平头、十字头、少见的方头，还有形状像六角星的梅花头。分化更多的是出于喜好。虽然钉钉子的方式只有一种，但写小说、写歌、策划完美假期，或者做番茄酱的方法可以有成千上万种，这就是为什么你周围的食品杂货店会提供一系列口味的番茄酱，如甜罗勒海员式番茄酱、"佛罗伦萨菠菜配奶酪"番茄酱、番茄香蒜酱、阿尔弗雷德酱，等等。

换言之，我们正在寻找一种模式，当你做出一种选择时，并不妨碍你做其他选择。这在音乐等行业的确可行，欣赏一首歌或一位艺术家的同时并不妨碍人们欣赏其他人的作品；在时尚行业也可以，我可以同时拥有不同品牌的许多衬衫，当然你也可以；当我们去旅行时，选择去伦敦度假并不意味着我们不能去坎昆度假；在安装应用程序时，在手机上安装位智软件并不妨碍我同时也安装企业聊天工具 Slack、流媒体音乐播放软件 Spotify 或休闲益智游戏《愤怒的小鸟》；我可能不会在车展上购买多辆汽车，但我开丰田车并不妨碍我买其他品牌的汽车。当然，购买和阅读一本书也并不妨碍你购买和阅读另一本书。作为一名作者，我很感激这一点！

低门槛

有时，有效的约束不在于人们想要什么（需求），而在于什么能够被提供给我们（供给）。例如，有很多种好方法来设计一架飞机，但生产一架飞机需要巨大的成本，买家也相对较少（基本上只有航空公司、货运公司和极其富有的个人），这意味着市场上并没有太多的选择余地。

回到图书业，图书数目的激增并不是因为想读书的人更多了，而是因为作者写书更容易了，图书出版更方便了。同样，音乐家、程序开发员、视频制作者等的情况也是如此。那些曾经昂贵和稀缺的生产资料，现如今不仅物美价廉，而且唾手可得。

长尾经济学

多种多样的获胜方式和低门槛市场准入方式相结合，可以创造出无数的选择，克里斯·安德森在2004年的《连线》杂志上发表了题为"长尾"的文章，2006年出版了《长尾理论》（*The Long Tail*）一书，二者都描述了长尾经济一系列独特的属性。"长尾"是一个具有强大含义的简单概念。安德森在他的网站上概括地说：

> ……我们的文化和经济专注点正越来越多地从需求曲线顶端数量相对较少的"热门产品"（主流产品和市场）转向需求曲线末端数量巨大的用户市场。随着生产和分销，特别是在线销售成本的下降，现在无须把商品和消费者都扔进相同标准的买卖中。在一个没有实体货架空间约束和其他分销瓶颈的时代，受众面小的商品和服务可以像主流商品一样具有

经济吸引力。[117]

换句话说，实体店的货架空间是有限的，受空间限制，它们只存放那些明显很多人会买的东西（"热门货"）。当实体商店走向数字化，货架空间的概念从此也就失去了意义，而少数人群所需要的"非热门"商品也能全部进入市场。对于那些个人喜好的商品未排进热门榜前 40 的人来说，这简直太棒了！

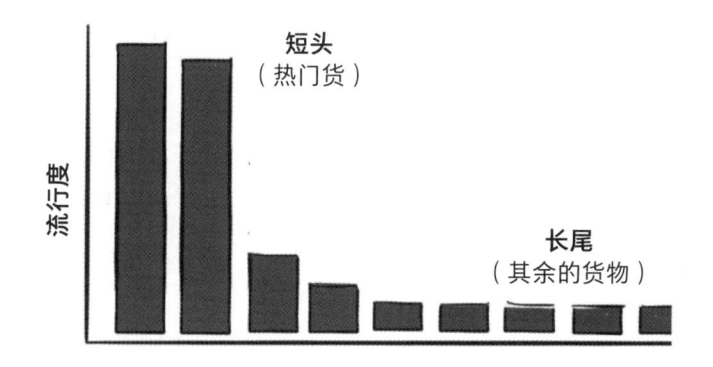

（柱状图：纵轴为"流行度"，左侧高柱标注"短头（热门货）"，右侧低柱标注"长尾（其余的货物）"）

总的来说，长尾市场的收益率可能非常可观。类似亚马逊和 iTunes 这样的网站，它们的流量和收入的很大一部分来自长尾市场，而这些商品大多数人可能从未听说过。然而，这些成效仅仅因为这些商品数量巨大，而真正依赖长尾市场的艺术家和生产者得到的回报却是惨淡的。人人都知道热门的事物，但听说和关注其余部分商品的人却寥寥无几，这再真实不过了。优兔视频制作人（在优兔发布的视频中 1/3 的浏览量不到 10

次)、应用开发者(苹果应用商店94%的收入仅来自1%的应用,有60%的应用从未被下载)、亚马逊上Kindle电子书的作者(大多数作者的书只卖出了不到100本),面对的都是相似的情况。因为这些平台是以量取胜的,更倾向于采用对热门事物有利的销售模式,而不是服务于所有人或商品。这就是为什么大多数依赖长尾经济学的成功机会,都要求你每月、每周甚至每天都更新库存。

既然清楚了市场是如何分化的,现在让我们把注意力转回刚刚的话题。我们已经知道教育行业的哪些领域将会被整合,现在一起来看看哪些部分将被拆分。

"最后一英里"教育和终身学习的来源

在未来,基础教育将来自一些精选的教育提供者,主要的"最后一英里"培训和最受欢迎的继续教育课程也是如此。在初始阶段这些教育都会令我们获益匪浅,但是"长尾"教育又由谁来提供?我们一生中真正用到的知识大部分来自那些短期且集中的课程——它在我们需要的时候为我们提供所需的信息、洞察力和毅力。这将包括更多以利基市场为重点的"最后一英里"教育以及涉及众多主题的继续教育。在探究这种教育将由谁提供之前,我们先得明确为什么今天的大学不能提供这种教育。

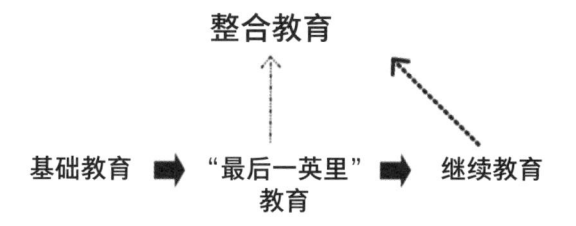

```
                    整合教育
                      ↑ ↖
                      ⋮   ⋮
基础教育  ➡  "最后一英里"  ➡  继续教育
              教育
```

我们在上一章中探讨过，高等院校之所以不可能朝这个方向发展，是因为这会让创新变得十分困难。然而，真正行不通的最大原因是：资金。它们根本负担不起。当今主流高等教育面临诸多挑战和困境，核心原因在于，大学教育少则两年时间，通常只有4年，这意味着在大学庞大的课程体系中，特别是像高阶课程或研究生级别的课程，研修人数通常寥寥无几，而往往只有出席率高的本科生必修的导论课才有经费资助。这再次验证了（甚至可以说是5倍肯定了）每1美元的学费中只有21美分用于教学的事实。[118]

这种情况我们似曾相识，例如，哪怕只想收看几个特定的频道，有线电视公司也会要求我们务必为包括我们从不观看的频道在内的所有频道付费。现在，大学也同样如此，但这个状况并不会持续太久。把大学课程从总体中拆分，将大学课程与大学经历解绑的做法，将会对这些高等院校造成毁灭性打击。正如瑞安·克雷格所解释的："对于高等教

> 对于高等教育而言，拆分课程将使学校对每名学生的收费大大减少。

育而言，拆分课程将使学校对每名学生的收费大大减少。因此，高校的成本结构将会大幅度降低。"[119]所有这一切都是在教育泡沫缓慢破裂的背景下发生的，届时，高等院校的公众信任度及招生收入必将一落千丈。所以，尽管大学会力图挽回这一局面，最终它们也无法在这个舞台上继续发挥作用。因为这根本行不通。

如果不由大学，又应由谁来提供往后的终身教育呢？唯一来源只可能是：在各自领域尖端和一线的专家与能手。只有他们与时俱进的知识和技术才能满足学生们的知识需求。即便我们要为他们的技能水平和机会成本花费很多，他们所提供的信息也足以转化成丰厚的回报。一些大学看到了这个征兆，争相聘请专家担任"兼职教授"。这对专家是一种高度认可，但对大学只是一剂急救药，它们仍然被我们讨论的所有因素所阻碍。专家已经意识到他们可以在不受大学束缚的前提下更自由地去创新和获得有意义的收入。

为什么我们要先向专家学习，再向老师学习

1451 年，意大利公证员皮耶罗爵士与一位叫卡特里娜的村妇有染，9 个月后她生下了他的儿子。一名私生子想要接受正规的教育是绝不可能的，但皮耶罗爵士希望儿子日后能有个稳定的职业。他发现这个男孩有些绘画天赋，等他长到 14 岁时，皮耶罗爵士就安排这个男孩去安德烈·德尔·韦罗基奥的画室当学徒，韦罗基奥是佛罗伦萨最优秀的画家之一。而这个男孩便是日后享誉世界的画家莱昂纳多·达·芬奇。

学徒制模式是人类历史上一种十分普遍的教育模式，学生直接师从大师，这不无道理。当你正需要学习时，还有什么比向行业顶尖大师学习更好的方法吗？一周中的每一天难道不都是学生向大师学习的最佳时机吗？

然而，事实并非如此。人们有充分的理由证明，向一名职业教师学习比向一位顶尖的专家学习更有收获，因为最关键的教学过程并不那么简单。要将学生训练到理想的水平，要根据他们的学习进度、所掌握的程度来耐心推进。站在学生的视角理解事物需要一定的想象力，要找到能够帮他们理解的比喻和例子。教学是一门艺术，也是一门科学，指望一位职业高手将技能轻而易举地教给别人，这不切实际。这就像期待象棋大师擅长象棋教学，希望一个运动员成为一个好教练一样。擅长下棋、打篮球与擅长教学授业是截然不同的。"有能力做的人，会直接去做，而深谙此道又能力不足者，只能去教书。"真正的好老师是会做、能做，还能教的人，但是这几项能力很难达到理想的平衡状态。

> 真正的好老师是会做、能做，还能教的人，但是这几项能力很难达到理想的平衡状态。

了解所授科目　好老师　知道如何教学

　　这里并非只是探讨学科知识与教学技巧"哪个更重要"（两者你得兼备），而是"哪个更难培养"。因为学校的正规教育历来大都以固定不变的课程为主，答案是教学技巧。无论是在小学里要花数月掌握的乘法口诀表，还是在大学里花几年时间掌握的三角学，你一旦掌握了，便可受用一生。乘法口诀表和三角学都不会轻易改变。同样，无论是复式记账法、欧洲中世纪史，还是做俯卧撑的正确姿势，它们所涉及的内容是保持不变的，或者变化得很慢，通过偶尔一次会议或继续教育课程便足以跟上形势。老师其余的时间和精力大可用于教学技巧和与学生协作能力的提升。

　　但是，由于变化步伐加快，发展飞速迅猛，在 5~10 年内，我们所学的一切都会被淘汰。这极大地改变了与时俱进的状况。因此，唯一切实可行的方法是"上战场"和"去前线"——在实践和在工作中不断学习。这种变化的速度使我们的工作重点发生了变化。虽然教育工作者的最佳人选曾一度是优秀教师,教师十分了解所教的科目,但现在唯一能胜任这项工作的是该学科的行业专家,与此同时,他们也需要是优秀的教育者。

谁又是专家?

假设你是世界上最有权势的人,你十几岁的儿子需要一位家庭教师来辅导,你会请谁来做这项工作呢?在公元前343年,这并非一个假设性的问题。马其顿国王菲利普二世需要给他13岁的儿子请一位家庭教师,于是传唤来当时最杰出的思想家,恳请他来教育自己的儿子。这位思想家就是亚里士多德,学生则是亚历山大,也是日后大名鼎鼎的亚历山大大帝。

从国王的角度来看,这是合情合理的。你想给孩子最好的教育,你又有足够的资源和权力向当时最伟大的哲学家发出让他难以抗拒的邀请。在亚里士多德看来,这个职务也还不错,人们都会认为,担任王子的导师是个相当荣幸的差事。除此之外,他还有更好的选择吗?

现代的求学者并没有菲利普二世国王那样的资源和权威,但今天的教授、专家们比公元前343年的亚里士多德有更多、更好的选择。在现代,接受亚里士多德的指导就相当于接受马尔科姆·格拉德威尔和詹姆斯·帕特森的私人写作指导,罗恩·霍华德和马丁·斯科塞斯的电影制作指导,安妮·莱博维茨的摄影指导,克里斯蒂娜·阿奎莱拉和亚瑟小子的唱歌和表演指导，戈登·拉姆齐的烹饪指导，以及加里·卡斯帕罗夫的国际象棋指导。他们都是不同领域的领军人物，都通过拍摄MasterClass的视频课程来分享自己的知识，每门课程包括几十个视频，还有与专家进行的几次问答。这固然很好，但这并非私人辅导，就像阅读《亚里士多德全集》(*The Complete Works of Aristotle*)并不等同于亚历山大大帝的学习经历。

这并不是在批评这些专家录制的视频课程，而是说上他们的视频课就像读一本视频格式的书。你无法获得那种通过直接接触或学徒制带来的转变，而且这两种方式实际上也很难实现，原因有二。

- 原因一：很难组织。每个行业的顶级专家仅有一两个，但想要登门拜师者成百上千。
- 原因二：机会成本。专家们即使能亲力亲为地教导每一位求学者，也会因过于忙碌而无法兼顾到自身的本职工作，如电影制作、热门歌曲创作或经营餐馆等。

如果你是现代版的马其顿国王，也许可以避开这些因素，否则你就得选择去其他地方接受教育。我们自上而下一级级地看，那些处于各自领域前沿的专家，或许还未写过《纽约时报》的畅销书，还未制作过获奖的真人秀节目，还未战胜每个人类对手，只是惜败给IBM的深蓝超级计算机。但这些专家拥有尖端的知识和技能，一直从事着让他们保持行业优势的工作，而机会成本意味着从事教育的话他们能够每年额外赚取数万或数十万美元，在极少数情况下数百万美元也是有可能的。

当然，我们更喜欢那些既有过硬实力、又有潜力成为优秀教师的专家。他们将满足"最后一英里"教育和大多数继续教育高度分散的需要，而这些教育需要与时俱进。

现在让我们停下来反思一下，我们已经走了很长的一段路。在本书的前半部分，我们探讨了现在的教育形式为何让我们大失所望，它需要做些什么来引领我们走向未来，以及未来的教育将往什么方向发展。本书的下半部分将致力于探讨要达到我们的目标，教育需要什么，以及我们如何去创造它。

自我评估

你想测试一下自己对刚才所讨论的观点的理解吗？或者你想与感兴趣的朋友和同事一起讨论吗？这里有几个问题可以帮助你。

1. 在商业中什么是分化？
2. 触发一个市场或行业发生分化原因是什么？
3. 克里斯·安德森所说的"长尾"是什么意思？
4. 教育市场会走向整合还是分化？
5. 为什么继续教育不能来自当今的高等院校？

6. 为什么大部分的继续教育市场可能会走向分化?
7. 为什么向一位好老师学习比向一位从业者学习更有意义?
8. 我们所学的东西在 5~10 年内就会过时,这对继续教育有何影响?
9. 向一位伟大的老师学习更好,还是向一位学科专家学习更好?
10. 谁将提供继续教育课程?

如果你想深入了解本章的内容,这里有一些好书供你参考:

- 杰夫·科布的《领导学习革命》
- 我自己的《教育与致富》(*Teach and Grow Rich*)

第 2 部分

什么是杠杆式学习，如何进行杠杆式学习

6

知识：让人们更容易学习

你能以多快的速度学会一门技能，比如冲浪、专业扑克、巴西柔术、跑酷或外语等？教育行业需要用最快捷有效的方式来教学授业。我们需要借助科学知识来了解如何让学习者快速掌握一门技能。长期以来，课堂讲座一直被认为是很难让人们跟上进度的教育方式。但有什么其他更好的可以取代它的方法吗？要想找到答案，我们先来看看人们是如何学习的。

有一种元学习（meta-learning）的亚文化和技能速成学习法致力于回答这些问题，蒂姆·费里斯在他的"每周4小时"系列、播客平台以及电视节目中对它们进行了推广。康纳·格鲁姆斯是众多速成学习的狂热爱好者之一。在完成多项30天的速成学习目标（包括网页设计、电影制作甚至是增肌26磅[①]）之后，格鲁姆斯又把注意力转向了学习西班牙语。结果他不仅学会了说西班牙语，还制作了一部关于这个过程的纪录片。[120] 格鲁姆斯非常努力，学得又快又好。在连续30天每天投入5小时的同时，还兼顾着自己的全职工作。贾里德·克莱纳特在给《福布斯》杂志撰稿时是这样介绍格鲁姆斯的学习过程的：

---

① 1磅=0.4536千克。——编者注

他凭借数据驱动方式找到最有效的学习方法，无论是传统的（单词卡），还是非传统的（模仿跟读纪录片中的规范发音），格鲁姆斯从未用任何旁门左道。他只是在学语言时参考了几十本书里的方法，听取了世界级语言学习大师本尼·刘易斯的建议，然后脚踏实地地做出行动而已。[121]

这段速成学习实验最终奠定了格鲁姆斯创办西班牙语教育公司 BaseLang 的基础。克莱纳特称用这个方法你"无须搬到讲西班牙语的国家去就可以沉浸在该语言之中"。格鲁姆斯并非坐吃老本，他决定再次挑战，看看学会一门外语最快需要多长时间。他向托尼·马什寻求帮助。马什是一位语言教师，他的客户包括美国海军和北约。在他的帮助下，格鲁姆斯在短短的一周内就学会了葡萄牙语。[122]

> 获取真正价值的关键是用你的知识来做大事的能力。

在语言学习中，不管是学习西班牙语、葡萄牙语还是其他任何语言，一方面，仅有流利程度并不能让你在各方面都具备资格；但另一方面，缺乏流利程度则会让整体大打折扣！大多数知识和技能都是如此，除非它们是高度专业化的或者你已经达到了最高的熟练程度。例如，如果你掌握了一套基本流畅的烹饪方法，你就可以为家人准备一桌晚餐，但要深入烹饪行业，你得把技能再提高几级。同样的道理也适用于从管理到武术等多个领域，一切皆是如此。只做到基本流畅并不能让你走得深远。获取真正价值的关键是用你的知识来做大事的能力。

如此说来，我们依旧需要知识，这并非全部，却是我们追求一切成功的基础。因此，我们有必要跟随格鲁姆斯的脚步，尽可能快速、有效地获取我们需要的知识，以便向更大、更好的目标前进。在这方面已经有诸多优秀的书籍，我不奢望在一章中就能将其论述详尽。为了做好这件事，你需要知道并理解最基本的东西是什么，我们将从了解为什么学习和记忆会如此困难开始。

为了弄清如何借此加速学习过程，让我们把注意力转向记忆，这是学习的基础。

为什么学习和记忆会如此困难

试想一下你可能要学习的事物的范围。在一端，你发现要记住电话号码或背诵《葛底斯堡演讲》——这些属于获得性知识，既纯粹又简单，不涉及技能。学习专家将它们称为**陈述性记忆**，即"知道是什么"，如词汇、理论、日期、事实和数字等。在另一端，像系鞋带或骑自行车这种不需要任何信息知识的纯粹技术，被称为**程序性记忆**，即"知道如何做"，通常涉及运动技能等。当然，还有很多事情介于这两端之间，同时需要这两种类型的记忆，比如打网球、开车、谈判交易、烤苹果派，或者做预算等。[123]

陈述性记忆 ——— **程序性记忆**

所有这些都建立在不断记忆和重复（无论是语言还是行动）我们被告知和示范的事情的基础之上。这听起来简单轻松，但事实并非如此。事实证明，要记住东西是出奇地困难的。

我们的大脑生来容易忘记

> 我们的大脑放不下这么多东西并非是个缺陷，而是一个特性，尽管这有时让人恼怒不已。

阿瑟·柯南·道尔爵士笔下的夏洛克·福尔摩斯不仅拥有高超的推理技艺，还对我们如何思考以及如何更好地思考提出了引人入胜的见解。福尔摩斯的一个出了名的古怪特征是对某些领域有着深入透彻的了解，而对另一些领域的了解却明显欠缺。当他的助手约翰·华生医生在《血字的研究》（*A Study in Scarlet*）中对此提出批评时,福尔摩斯解释道:"我认为一个人的大脑本来就像一个空的小阁楼,你必须在里面放置你自己选择的家具。"[124] 本质上福尔摩斯是在说,他小心翼翼地不去学习某些东西,以便为他认为真正重要的事情腾出空间。

或许福尔摩斯是个极端案例,但他绝非个例。我们所接触到的信息远远超出了我们所能关注或保留的范围,而且大脑并非生来要记住一切所学之物。事实上,它们只保留真正需要的东西,这意味着一旦记忆不再被唤起,便会随时间的推移而彻底消失。所以,当我们忘记了过去已知的事情时,这不一定表明记忆在偷懒或注意力缺失,而是标志着我们的大脑正恰如其分地履行其职责。[125] 换句话说,我们的大脑放不下这么多东西并非是个缺陷,而是一个特性,尽管这有时让人恼怒不已。

我们的大脑如何决定知识或技能是否值得被记住呢?这里有几个标准。第一个标准是,我们在初次接触时是否已将它理解透彻了。

在想法之上搭建想法

计算机能在一瞬间进行数百万次计算,却无法真正思考、知晓原因或明白道理。如果你想安排它们执行新的任务,你不必向其解释这样做的意义,也无须设法把你的想法强加到它们已有的知识库。你只要编写软件程序,计算机就会执行任务,轻松又简单。要是换作人类,这无疑要复杂得多。我们的大脑对与自身储备或参考系完全不相关的信息和想法并不会照单全收。所有我们学习或接触到的事物都必须符合已知并已理解的概念结构中的某一环。

这就是为什么许多教学和阐释的艺术是通过隐喻和讲故事的方法，来帮助学生把新想法和他们已经知道的东西联系起来。学习专家把这叫作支架式教学——把一个思想建立在另一个思想之上，这也是本书充满了故事和小插曲的原因，希望它们能有助于你理解我的观点，同时在阅读过程中给你带来快乐。

> 缺少支架是学习失败的最大原因之一。

缺少支架是学习失败的最大原因之一，相反，这也是一些补救方案效果惊人的原因。例如，如果对成绩严重低于平均水平的儿童进行阅读干预，不出数月，受试者的成绩就能显著提高好几个档次。[126] 这是个了不起的方案，但为什么不从一开始就对班上所有孩子使用这个方法，以消除他们多年的学习困扰呢？答案是，在许多情况下，补救方案之所以有效，原因不仅在于额外关注度和卓越的教育法，还在于在最初学习和采取补救方案之间的这些年间，用来支撑概念和思想的支架被搭建了起来。

还需要注意的是，除了早期的学习，在其他阶段中，支架有时是随着发展和成熟阶段而发挥作用的。换句话说，有些东西（如量子物理学）不论你多大年龄或有多聪明，都是非常复杂的。但其他事情（如基本加法）在达到一定成熟阶段之前是较难的，然后它们会变得容易一些。这是人们所面临的挑战之一，托德·罗斯称其为"锯齿形学习现象"，也就是说，这种现象在某些领域更为明显,而在其他领域相对没那么明显。

每个个体都呈现出参差不齐的结构配置,因而期望我们在所有领域都以同样的速度前进是毫无意义的。

没有支架的帮助,你就很难理解正在学习的东西,而记忆的第一法则是,我们如果不知其所以然,便难以记住。第二法则则与信息与自身的相关程度有关。

从经验之塔推断相关性

1900年,埃德加·戴尔出生于明尼苏达州,他对有效的教育抱有极大的热情,从词汇到可读性,再到他的博士论文《基于儿童对商务术语的理解来修订算术课程的事实基础》。在46岁时,戴尔在一本视听教学法的教科书中提出了经验之塔（Cone of Experience）的概念。[127]

这个模式被广泛地错误表述为学习之塔（Cone of Learning）,它认为,人们能记住多少内容取决于信息的传递方式（10%来自读到的,20%来自听到的,说出来和写下来的占70%,动手做的占90%）。现在,它成了一层一层的叠加数据。戴尔最初提出的经验之塔并没有科学研究做支撑,他甚至提醒读者不必将它太当回事。这些百分比数值甚至不是他原始图表的一部分,而是后来添加的。

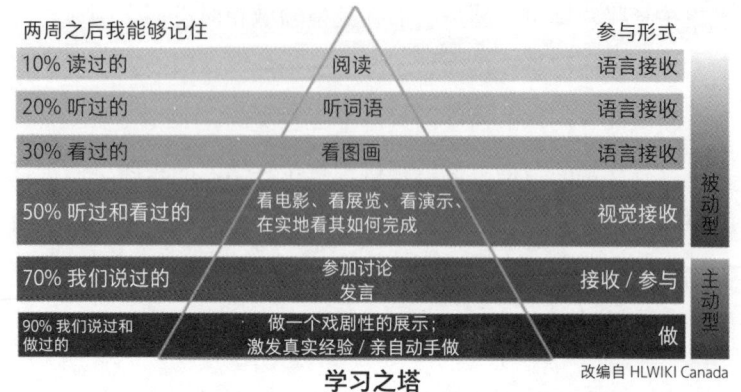

两周之后我能够记住		参与形式	
10% 读过的	阅读	语言接收	
20% 听过的	听词语	语言接收	
30% 看过的	看图画	语言接收	被动型
50% 听过和看过的	看电影、看展览、看演示、在实地看其如何完成	视觉接收	
70% 我们说过的	参加讨论 发言	接收/参与	主动型
90% 我们说过和做过的	做一个戏剧性的展示；激发真实经验/亲自动手做	做	

学习之塔
（关于埃德加·戴尔的经验之塔常见的错误表述）

改编自 HLWIKI Canada

把这种模式当作信条看待，无疑是过于极端的，就像给图表上的具体数字赋予任何权重一样。不过，尽管该模型严重缺乏事实准确性，它在思路上还是正确和有用的。直觉告诉我们，比起在书中读过的东西，我们会更容易记住实际做过的事情。

> 记忆离不开形成它们的环境、经历和心理状态。

这里有两个原因。第一个原因是学习的关联性。换句话说，**记忆离不开形成它们的环境、经历和心理状态**。大量的研究表明事实的确如此，让潜水员在水下记忆单词，结果在水下要比在陆地上记得更好；学生边听爵士乐边记单词，比在没有音乐的情况下更容易记住；双向情感障碍患者，再次陷入躁狂状态时最能回忆起自己曾在躁狂期经历的事情，陷入抑郁状态时也是类似的情况。[128]

第二个原因是实际操作性。我们所记住的是大脑默认与自身相关的东西，我们越是积极参与（动手、讨论和写作，而非阅读、听力和观察）的体验，就越与我们密切相关。

到目前为止，我们关于如何学习和形成记忆的旋风之旅已经将我们带入了两种类型的记忆，我们天生就容易遗忘，要把想法搭建在另一种想法的基础之上，以及我们需要能够告诉我们的大脑"学习内容与我们密切相关"的学习经历。我们将寻找如何快速将要学习的内容设计成学习经历。但这里还有一个更重要的因素需要我们考虑，那就是通常即使我们记住了，也并不意味着我们真的学到了我们希望学习的东西。

为什么龙威小子的方法行不通

"wax on，wax off"（上蜡、磨光）已经成为一个文化流行语，是空手道教学、边做边学和《龙威小子》这部电影的同义词。1984年的电影《龙威小子》讲述了一个名叫丹尼尔·拉鲁索的瘦骨嶙峋的小男孩，从新泽西搬到南加利福尼亚州的故事。他与一群男孩子发生了矛盾，后者在学习一套被称作"眼镜蛇"的十分狠辣的空手道拳法，他们的座右铭是"先发制人，狠狠打击，绝不手软"。拉鲁索有幸遇到了宫城先生，这是一位睿智的老人，他教给男孩他自创的空手道拳法，此法强调自我防卫和内心平衡。

宫城先生采用的并不是传统的教学方式。当练"眼镜蛇"的对手在他们的道馆练习拳法、脚法之时，宫城先生则要求拉鲁索无条件地服从他的命令，并让他去做诸如打磨地板、漆刷篱笆和给车打蜡（标志性的"上蜡、磨光"）等工作。最后，拉鲁索眼看就要对这些看似毫无意义的体力劳动失去耐心，他要求宫城不要再浪费他的时间。就在这时，宫城放出了一连串的拳法和脚法，拉鲁索奇迹般地用自己平日练习打磨地板、漆刷篱笆的动作统统拦截了下来，他自己也大吃一惊。

这是电影的经典片段之一，标志着拉鲁索转变的开始——从一个懦弱的、焦虑的男孩变成了一个合格的、有能力的空手道高手，并找到了自己的人生中心。整个故事只有一个遗憾：那就是在现实生活中，它永远不会成功。

从给汽车打蜡的经验中发展出抵御拳法的能力的想法，这个例子被学习专家称为**远迁移**（给其他汽车或船只打蜡的技术可以被视作近迁移）。远迁移是将相关学习应用于陌生情境的能力，是教育努力追求但永远不可能实现的目标。正如"多元智能理论"的开创者、心理学家霍华德·加德纳所说的，"一个人理解一个概念、技能、理论或知识领域的程度，取决于他或她能否在新的情况下恰当地运用这些知识"。[129]

> 为了实现远迁移，我们不仅要教授相关的基本原理，更要帮助学生看到，如何将其应用到更广泛的情景之中。

说起来容易做起来难。为了实现远迁移，我们不仅要教授相关的基本原理，更要帮助学生看到，如何将其应用到更广泛的情景之中。[130]正如《龙威小子》中所说，这绝非自动生成的。波士顿东北大学校长约瑟夫·奥恩进一步解释道：

研究表明，学生很少展现出，把所学的相关内容应用到陌生情境中的能力。他们可能会过于依赖熟悉的环境，在新的应用环境中缺乏灵活的变通。他们也可能对自己的领域缺乏深刻的理解，知其然却不知其所以然。这让他们无法将自身所学应用到不同领域。[131]

我们怎样设计出既有用又高效的学习方法，创造出有效的远迁移呢？这是一个很高的要求，但谢天谢地，总归还是有捷径可寻的。

首先，搭建你的支架

试想一下你必须换一个灯泡，但又够不到天花板上的装置。聪明的做法是弄一个梯子来，可能梯子放在车库里堆积如山的小玩意儿后面，或者你压根儿没有梯子，你得穿过小镇才能买到。所以你在灯泡装置下面放了一个酒吧高脚凳，在高脚凳上面放一把椅子。因为仍然够不到灯泡，于是你又抓起沙拉夹子，这样就又可以再延长几英寸[①]。你小心翼翼地爬上高脚凳上摇摇晃晃的椅子，慢慢地伸出沙拉夹子，祈祷你能保持足够长时间的平衡，在椅子和凳子倒下来之前完成你的任务。

这听起来荒谬可笑，但这恰恰是许多老师与学生都在尝试的，也是学习效果不佳的原因。在设计课程之前，教师必须问

---

① 1英寸 = 2.54厘米。——编者注

自己，哪些知识和技能是学习的先决条件，是否所有学生都具备这样的条件。如果答案是否定的，教师必须让学生在学习过程中先具备这些条件。例如，密涅瓦大学在关键目标指标（KGI）中提供了一个独特的支架项目，从第一年搭建好支架开始，到第四年完全由学生自己主导完成。[132] 这样设计是为了让学生娴熟地掌握处理其他材料所需的技能。

有很多方法可以快捷有效地做到这一点。"记忆宫殿"就是个不错的例子。[133] 它指的是在你的头脑中创造一些想象出的位置，在那里你可以存储记忆图像。最常见的记忆宫殿的类型是想象你到一个你熟悉的地方去旅行，比如某个建筑或城镇。这条路上有许多你总是以相同的顺序访问的地点。这实际上是一个建立视觉形象的过程，这个形象就是帮助你学习的支架。另一种常见的做法是通过解释如何学以及为什么要学来开展新的学习。这就将新的学习与现有的情境联系起来，这一切都与支架密切相关。

抽象概念尤其需要支架。我们的大脑没有进行抽象思考的能力，解决的方法包括引入类比和隐喻。例如，爱因斯坦通过想象一个人在移动的火车上行走的相对速度来假设他的物理理论。同样，当我们思考一条时间线时，我们倾向于用视觉顺序来想象它。这些隐喻使我们能够思考大脑平时无法思考的事情。

所以支架是这里的核心和关键，但它只是两个重要核心之一。有了稳固的支架之后，你要准备开始进行编码，以理解新知识和掌握新技能。

其次，更好地编码

为了学会编码，首先你要给自己充足的时间。有间隔的重复练习比长周期的填鸭式学习更有效（这就好像一天持续 10 小时不停地给草坪浇水，和一个月里每隔一天给草坪浇水 20 分钟）。对于这一观点的研究支持可以追溯到 19 世纪 80 年代赫尔曼·艾宾浩斯的"遗忘曲线"（Forgetting Curve），还有 100 年后哈里·巴利克的研究，以及许多其他研究。[134]

安德斯·艾利克森在《刻意练习》（Deliberate Practice）中说，最好的重复是在最重要和最有挑战性的事情上有目标地、系统地进行练习。[135] 这不同于无意识地复习笔记、回看演讲视频，甚至练习单一特定技能的部分（练习一个小时的罚球不会让你的篮球技术变得更好）。相反，把注意力集中在对你有挑战性的事情上，给自己机会去学习和改进。

最后，你必须确认自己是真正理解了，还是只是熟记笔记、用时间堆砌出了流畅的幻觉。[136] 创建一个实时反馈回路可以让自己知道自己是否偏离了轨道、还有哪些需要改进等。这可能像指导老师引导的评估和反馈过程一样复杂，或者像在被动感知学习过程中使用精密技术提供实时振动一样复杂，[137] 或者，也可以像使用 Anki 这样的通过卡片不断帮助我们完成间隔重复[138]的免费应用程序一样简单。关键是要有一个可靠的反馈回路来告诉你自己做得怎么样。

尽可能多地模拟你需要记忆的环境，从学习的地方到听到了什么，甚至是感觉如何等。例如，康纳·格鲁姆斯采用托尼·马什的方法在一周内就学会了葡萄牙语,其中包括尽可能少地将时间花在课堂上,尽可能多地和母语者交谈。加拿大宇航员克里斯·哈德菲尔德在《宇航员地球生活指南》(*An Astronaut's Guide to Life on Earth*)一书中记录了宇航员训练的最后阶段,包括坐在飞船驾驶舱中运行所有步骤程序。这样做是为了尽可能紧密地将记忆存储编码到将要检索它的环境中。

如果你不能准确地预测到你将如何使用或何时使用所学的知识,那么你可以在不同的环境中进行练习,你的知识将会更加彻底地编入你的头脑中。

这些想法听起来好像很简单,其实是无比强大的,能产生惊人的效果,正如我们看到的例子,从教学补救,到快速语言习得系统,如多邻国软件和康纳·格鲁姆斯用一个星期学会葡萄牙语的实验。如果你使用了正确的方法,那么大部分学习和记忆知识、技能的过程将被缩短。这意味着你将有更多的时间去做更重要的事情,培养你的洞察力。

自我评估

你想测试一下自己对刚才所讨论的观点的理解吗?或者你想与感兴趣的朋友和同事进行讨论吗?这里有几个问题可以帮助你。

1. 获取知识的真正价值是什么？
2. 为什么人类难以记住我们所学过的一切？
3. 什么是陈述性记忆？
4. 什么是程序性记忆？
5. 什么是支架，它如何使学习更加容易？
6. 埃德加·戴尔的经验/学习之塔缺乏事实的准确性，但就学习来说，它告诉了我们什么？
7. 记忆的关联性是指什么？
8. 学以致用的能力被分为近迁移或远迁移，它们之间有何不同？
9. 随着时间的推移，间隔重复是一种有效的编码学习方法，而有效学习的最佳重复方式是刻意练习。刻意练习是什么意思？
10. 为什么实时反馈在学习中非常重要？举例说明。

如果你想深入了解本章的内容，这里有一些好书供你参考：

- 本尼迪克特·凯里的《如何学习》（*How We Learn*）
- 格伦·惠特曼和伊恩·凯莱赫的《教育脑科学》（*Neuroteach*）
- 布朗、罗迪格和麦克丹尼尔的《认知天性》（*Make It Stick*）
- 约翰·哈蒂和格雷戈里·耶茨的《可见的学习》（*Visible Learning*）
- 乔舒亚·福尔的《与爱因斯坦月球漫步》（*Moonwalking With Einstein*）

7

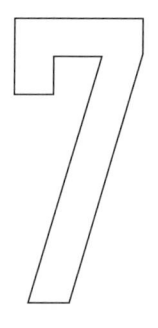

洞察力：当批判性思维遇见创造力

在狄龙·希尔上五年级时，他的朋友克里斯被诊断出患有癌症，在医院里一待就是几个月。狄龙每日都来看望，并带上他们最爱的电子游戏，因为狄龙知道这会让他的朋友开心。功夫不负有心人，故事的结尾，克里斯病情好转，最终奇迹般地康复了。

时光快进到狄龙读高中的最后一年。狄龙去到一家提供食物的收容所当志愿者，但这次经历并不让他满意。他想看看那些生活因他而有所改善的人，但从头到尾都被安排在后面打包。狄龙说："很明显，这一切劳动都会帮助到他人，但并不让人觉得付出值得。"狄龙回想起他曾送到朋友克里斯病床前的电子游戏，这让他决心启动一项慈善项目，名字最终定为"玩家礼物"（Gamers Gift），专门给儿童医院的孩子、生活在帮扶机构的人群和残障人士带去虚拟现实头盔。

现在，建立一个 501（c）的非营利组织并非易事，直到最近，实现这一目标的唯一途径是聘请一位收费高昂的律师。但是狄龙自己完成了所有文书工

> 但我想说的是，我们有互联网啊，你知道吗？我们可以解决任何问题。

作。用他的话说:"我们用谷歌搜索引擎查询了税务文件上的每一行字,因为之前我们对其中的很多内容都一无所知。但我想说的是,我们有互联网啊,你知道吗?我们可以解决任何问题。"[139]

"玩家礼物"产生的影响和它的创建过程一样鼓舞人心,现在让我们来细看狄龙的开创过程。对于一个十几岁的年轻人来说,仅仅依靠顽强的意志和谷歌的一点儿帮助就建立一个合法的非营利实体,着实令人刮目相看。同时,对于在专业领域工作的人来说,大部分工作却要靠常人所没有的知识,这就需要深入钻研。要想进入律政行业必须经过严格的教育,这是开启美好生活的金钥匙,其他类似的白领职业如会计、银行职员、工程师等也都是如此。只要完成这些复杂而昂贵的培训(并通过相关的资格认证,比如律师需要参加律师资格考试)就足以为那些达到标准的人保住一份工作。正如那句老笑话说的那样:"你怎么称呼一个在医学院毕业时成绩垫底的人呢?医生!"

但狄龙·希尔的经历只是乔治·库罗斯在《面向未来的教育》(*The Innovator's Mindset*)一书中提到的众多观点证据之一。"信息数不胜数,这很正常。"[140] 而且任何受过经济学训练的人都能回答你(或者你可以自己谷歌搜索),供求关系决定了商品数量越多价值越低。对于许多行业来说,这是一个大问题,而最脆弱的环节可能并不是你所预期的环节。

> "信息数不胜数,这很正常。"

去中介化、自动化和大掏空

曾几何时，低级的和重复型的工作最容易受到自动化和外包行业的冲击。在技术自动化的早期（工业革命时代），有许多工作像累累低垂的果实一样唾手可得，这些相对简单的工作很容易被取代（自动取款机取代了银行出纳员，自动语音回答系统取代了接线员，电梯按钮取代了奥尔德斯·赫胥黎小说中的电梯操作员），离岸运输也得以发展（比如航运和通信技术的发展使加拿大人能大量购买中国生产的商品）。

如今，大部分低垂的果实已经被采摘完了，高枝上的果实相较而言更难摘到。体力工作的进一步智能化往往需要更加科技智能和成本高昂的机器人，[141] 因此在许多情况下，企业仍然更愿意坚持雇用有血有肉的员工。

但是有另一种低垂的水果，那些工作不大涉及"做"（doing），更多的是关于"知悉"（knowing）的，需要相对初级的"思维"（thinking）（这两种任务，计算机已经比我们做得更好、更快，也比我们更可靠了）。众所周知的有关"知悉"的工作正在被去中介化消灭（比如房地产或旅行社慢慢地变成濒危行业，现在我们可以自己核对清单和设计行程），需要初级"思维"的工作则正在被人工智能取代（就像簿记员被财务软件QuickBooks取代，会计员被特波税务软件取代，法律研究员被文件阅读人工智能取代）。[142] 经济学家保罗·克鲁格曼写道：

……现代技术只会淘汰廉价工作，受过良好教育的工作者显然将成为赢家并能主导潮流话语权，这种说法实际上在几十年前就已经过时了。事实是，自 1990 年左右以来，美国就业市场的特点并非对技术的普遍要求提升了，而是呈现出产业"被掏空"的景象：高收入和低收入的工作数量都迅速增长，但中等收入的工作——我们指望它们能支撑起庞大的中产阶级——却落在了后面。[143]

高等教育矿井下的法律金丝雀[①]

对于类似于法律行业这种每年收入超过 4 000 亿美元的行业来说，这是个坏消息。传统的大型律师事务所专门雇用受过专业训练的高薪律师，并向他们收取高额的费用，尽管大部分工作都是惯例性日常事务，很少需要专业技能、判断力或洞察力。[144] 譬如，类似 LegalZoom（线上律师事务服务网）所提供的服务（无须咨询律师就能拟定一般性的法律文件）、遗嘱服务（只需 69 美元你就可以获得一份具有法律效力的遗嘱），以及可以替代许多法律咨询的人工智能技术，可以让你今后真正

---

① 17~19 世纪的英国矿工每次下井都会带上一只金丝雀来监测是否有瓦斯泄漏，因为他们发现这种鸟对气味十分敏感，即使有极其微量的瓦斯，金丝雀也会停止歌唱；而当瓦斯含量超过一定限度时，虽然人类还毫无察觉，金丝雀却早已毒发身亡。这里的"金丝雀"有危机或者危险的预警者或吹哨人之意。——译者注

需要律师的地方大大减少。这意味着需要人来完成的法律工作变少了，也意味着我们现在需要更少的法律相关岗位。在 2013 年，法学院毕业生的数量预计是空缺职位的两倍。[145] 这对于平均负债 125 000 美元的法律专业毕业生来说无疑是极坏的消息。学生们受到影响，随之而来的是法律专业入学人数迅速下降（申请人数从 2004 年的 10 万人下降到 2013 年的 59 400 人，这是自 1977 年以来的最低人数，相比 2010 年下降了 33%）。[146] 这个数字是触目惊心的，现在尤其是那些知情人士认为，法律领域是"高等教育矿井下的金丝雀"。[147]

不过谢天谢地，我们还有一线希望。虽然这个行业的大部分工作岗位都正在消失，但顶级律师依然事业兴旺，且继续保持良好态势。正如英国顾问理查德·萨斯堪在他的书《律师的终结？》（*The End of Lawyers?*）中预言的那样，未来的法律界很可能会出现"甜甜圈中心"（用他的比喻来说），一批高薪律师在复杂律政事务中提供"定制服务"，而剩下的工作则外包给廉价的劳动力和科学技术。类似的模式可能会同样出现在顶级会计师、医生、房地产经纪人等职业中，因为他们带来了一些截然不同的东西，而不仅仅是告知一些你不懂的东西，他们为我们提供了洞见。正如约瑟夫·奥恩所说的：

> 会计师、银行家、律师和房地产经纪人能为客户提供专业性服务。在经济波动时，其他白领人士如工程师和建筑师，为企业和政府提供服务，教育也必定如此。这种情形以前也

曾发生过。我们在社会重视且具有价值的学科上大力培养学生。因此，在18世纪，美国殖民地时期的学院或大学为了培养未来的律师和牧师骨干，向学生教授经典文学、逻辑学和修辞学等学科。在19世纪，科学和农业院校如雨后春笋般兴起，以满足蒸汽时代和钢铁工业化世界的迫切需求。在20世纪，我们看到了企业经济中适合办公室工作的专业学位的增加。如今，殖民地时期和工业化时代已长存于历史书之中，甚至办公室时代也将很快退却成为记忆。

我们生活在数字化时代，学生们面临着数字化的未来，机器人、软件和由人工智能驱动的机器，在人类当前的工作中占有越来越大的比例。未来的工作将不再经常涉及对事实的常规应用，所以教育也应该与时俱进。为了防止毕业生在工作中被"机器人取代"，高等院校将不得不重新权衡各自的课程。高等教育不会再用大量的事实来塞满学生的思想，它会重新调整学生的心智驱动，调节其创造性思维和心理弹性，帮他们创造、发现、生产被社会广泛认可的有价值的事物。这可以是任何东西——一项科学证明、一份嘻哈录音、一套有效养生法、一组网络漫画、一套癌症治疗方案等。但无论创造什么，它都必须具有原创性，而不是符合惯例，从而避免自动化的威胁。这样的教育并非在培养劳动者，而是培养创造者。[148]

洞察力是一种创新

和亨利·福特一样，阿尔弗雷德·斯隆是美国汽车工业的创立者之一。他领导的通用汽车经历了大萧条、德国重整军备、法西斯主义、绥靖主义和第二次世界大战，最终他带领通用汽车公司成长为世界上最大的公司。20世纪50年代，他的回忆录《我在通用汽车的岁月》(My Years with General Motors)一书在现代管理教学领域极具影响、广受推崇，各大商界精英、领袖们相继研究他的课程以及一切可以窥见其管理哲学和思维方式的趣闻逸事。奇普·希思和丹·希思两兄弟在他们的《行为设计学》(Decisive)一书中，讲述了这样一件逸事：

> 长期担任通用汽车公司CEO（首席执行官）兼董事长的阿尔弗雷德·斯隆，曾在一次委员会会议上提出一个问题，打断了会议："先生们，现在我们是否都完全同意这项决议？"全体委员点了点头。"那好，"斯隆说，"我建议推迟对这个议题的讨论，以便我们能够有时间产生一些不同意见，这样到下次再就此事进行讨论时，或许我们对这一决定会有更多的了解。"[149]

多年以来，明智的领导人都高度赞同斯隆的观点，他们更喜欢有骨气的员工向他们发出挑战，提出异议。著名的口香糖公司开创者小威廉·瑞格利说："当两个人总是意见一致时，其中一个便是多余的。"[150]这个想法还需要不断强化，出于种种

> "当两个人总是意见一致时,其中一个便是多余的。"

原因,保持不同观点其实很难,尤其当你面对的是位高权重的权威人物时。从对真实或想象的后果的恐惧,到冲突可能引发的尴尬,以及这种种可能性之间的一切未知因素,都是保持不同观点时需要面对的挑战。

　　提出不同意见的前提条件很简单,但这一点却没有得到足够的重视:为了提出不同意见,你需要有自己的见解。这种洞察力是决定成败的关键因素。投资者彼得·蒂尔曾对企业家提出挑战——"告诉我一些真实却没有人同意的事情"。[151] 这

> "告诉我一些真实却没有人同意的事情。"

超出了许多硅谷企业家的认知范畴。总体而言,现行经济体和职场中最成功的参与者,无论是领头私募股权律师,连锁企业创办者,还是创新软件架构师,都有能力提供有价值的洞见。随着我们世界的发展,正如神经心理学家艾克纳恩·戈德堡博士在其著作《创新大脑》(*Creativity*)中所说的那样,拥有这样的洞察力越来越多地成为取得成功的重要筹码。

　　在我们这个时代,10 年前在研究生院里学的知识大多都已过时。我们大多数人对科学或技术没有兴趣,但即便我们去消费技术,我们也将生活在一个与今天截然不同的世界里。不管我们喜欢与否,我们的大脑将越来越多地受到新奇事物

的挑战。[152]

新奇就是这里的标语和口号。有洞察力意味着能想到还未出现的东西：一个想法、一种连接或者一个视角。能在这样一个瞬息万变的世界里，创造出这种新奇事物并有效地驾驭它，才是成功的关键。但是，我们如何培养独特、新颖和有价值的洞察力呢？洞察力不只是更高层次的知识或技能。了解一个事实、一个步骤或者一个复杂过程，与洞察一个具有挑战性的、不合理的问题之间有着天壤之别。

那么，我们应该如何培养这种洞察力呢？我们如何去找到那些还没人发现的客观事实呢？大多数现行教育方法的一个明显缺陷是，完全专注于传授知识本身或培养某些技能的熟练程度，对培养、发展洞察力却没有细究和深思。它经常被视为一种神秘的、近乎神奇的特质。当然，我们都可以看到并为有洞察力的结果而欢呼——因为洞察力能带来新的产品、解决方案或思维方式。然而，洞察力本身常被认为是人要么生来就有，要么天生缺失的特性。

但研究和数据却表明，这并非事实。洞察力存在于两种高深精妙的能力交汇之处：批判性思维和创造力。尽管目前的教育体系在普及某些特质方面做得差强人意，但事实上，我们有很多证据显示，传统教育会让你在这两方面变得更糟，而非更好。我们其实知道如何培养洞察力。

批判性思维：率先发现内在规律

在机场里被拦截通常是件坏事，但也有例外，正如在2010年美国说唱歌手阿曼多·克里斯蒂安·佩雷斯在机场被歌迷拦住一样。他穿过机场去赶一趟航班，被穿着印有"尊巴"字样T恤衫的路人不断拦住，他们叫他的艺名皮普保罗，想要告诉他，他的歌曲《我知道你想要我》(Calle Ocho)是他们最喜爱的歌曲之一。如此几次之后，皮普保罗拿起电话给尊巴健身的老板打了电话。"你们就像一个广播电台，"他说，"在你们全世界的健身房都有DJ（调音师）。"

让我们先暂停一下这个故事。你能想象皮普保罗接下来会说什么吗？当然，鉴于时代背景，艺术家和唱片公司会对盗版和侵权表示关切，一般人或许会说"你未经许可就播放我的歌曲，你必须付钱给我"，但皮普保罗的做法更值得称赞。当他得知尊巴健身房在播放他的歌曲时，他的心思转到了艺术家所面临的另一个问题：如何把新音乐推向公众。

在音乐界，如果要"打破新纪录"，那么你必须做好前期的投资，让新音乐有足够的播放量和曝光率，让听众主动去听。这对推广新音乐尤为关键，特别是对那些知名度相对较低的艺术家。美国心理学家罗伯特·扎荣茨的研究表明，熟悉会催生喜爱，而不是轻视。这有时被称为"熟悉原则"或"曝光效应"，其基本意思是，我们接触一个人、一个想法或一首歌曲的次数越多，我们就越倾向于喜欢他或它。[153] 这也是音乐行业的惯例和经验：在一首新歌推向市场的前3个月里，其推广预算可能高达5万美元。[154]

回到我们的故事中，皮普保罗继续说："我认为你可以帮我打破纪录。我的歌一推出就发给你，请你把它们放到你的尊巴课上。"这一战略显然对皮普保罗十分奏效，他的下一张专辑就包括了他在美国的首个排行榜第一名单曲。其他音乐家也纷纷效仿，现在像韦克莱夫、洋基老爹、夏奇和汀巴兰德等艺术家都与尊巴健身合作，让他们的歌曲进入13个令人垂涎的位置之一，每周反复播放给1 500多万人听。[155]

> 我们会根据自己已有的信息进行推断并做出最佳决定。

皮普保罗的洞察力反映了一个重要的认知：我们会根据自己已有的信息进行推断并做出最佳决定。2013年的一项研究显示，93%的雇主更看重通过推断和批判性思考来解决复杂问题的能力，而不只是本科学位。[156]

如何发展批判性思维

让我们尝试探索一下培养批判性思维都需要些什么。首先，究竟什么是批判性思维呢？这个词已经被广泛使用，甚至听着有些像陈词滥调了。但是，深入来看，我们会发现这其实是一个强大而微妙的概念。批判思考基金会这样描述它：

批判性思维是一种思维方式，它可以是关于任何主题、内容或问题的。在这种思维方式中，思考者通过巧妙的分析、评估和重构，不断改进自己思考的内容。批判性思维的目的明确且有判断根据，能用适当的评价标准来确定某事物的真实作用、优点或价值……传统上，批判性思维寻找方法来解读思想、锻炼智力，以最大程度上减少类似"错误"、"疏忽"和"曲解"的思想。它认为人类良好的理性思维可以通过直接以这一目的为目标的教育过程来培养和发展。[157]

传统上，批判性思维是通过重复和渗透来培养的。如果你练习够多，花够长的时间在正确的地方，那种被推崇的批判性思维就会出现。这一论点在文科知识背景下最为常见——只要你学习足够多不同的东西，批判性思维能力就会自动浮现。但数据显示，这种方法并不奏效。正如约瑟夫·奥恩所写的：

>在2011年的研究《学术漂泊：大学校园中范围有限的学习》中，理查德·阿鲁姆教授和乔西帕·罗克萨教授发现，在他们调查的大学生中，至少45%的学生在大学前两年里，在批判性思维、复杂推理和书面表达等方面表现出"极小或基本不存在"的进步。36%的学生在整个4年中的表现毫无进步，"他们可能会如期毕业，但他们没能掌握被认为是大学生应该具备的高阶认知技能"。[158]

另一个明显更具指导性的案例是，许多商学院采用哈佛商学院的案例教学法，学生在他们的学位课程中回顾了数百种不同商业情境的案例研究。即便这个方法奏效，它也是一个相当耗费时间的方法。不幸的是，对许多学生来说，这更像是一种洗脑方式，而不是通过不停的、独立的、批判性的思考而获得更加深刻的洞察力。记者达夫·麦克唐纳认为："哈佛商学院试图告诉复习案例的MBA学生要思考什么，以及他们是否意识到自己有没有在正确地思考。"[159] 他解释说：

> 大多数商学院都擅长教授所谓的"应答行为"，即利用他人收集的事实来解决已经确定的问题。但能嗅探到机会和能利用机会是截然不同的事，只有通过亲自动手操作才能学会东西，这也被称为"操作性行为"。[160]

显然，我们需要一个更好的方法来帮助人们开发这些技能。

批判性思考的 7 个步骤

我们可以先把批判性思维的广义概念拆分成几项具体的技能，并介绍获得这些技能的方法。例如，密涅瓦大学制定了新的大学课程，将重点放在批判性思考的 7 个步骤上。

1. 评估主张：我们必须评估主张的背景假设以及主张背后的逻辑。

2. **分析推论**：即使一个主张合理，我们也要从它的不可能性入手来尝试进行推理和论证。形式逻辑提供了一种方法，用来确认哪些推论是可行的，哪些是无用的。

3. **权衡决策**：评估主张和分析推论有时十分重要，因为它们有助于我们决定如何行动。要理性地做出决定，必须分析各种选择并确定它们各自的利弊。

4. **分析问题**：能够描述出问题的性质。

5. **促进发现**：对于如何发现问题并没有固定的方法或规则，但是，我们可以通过某些启发式方法促进发现。因此，我们要具备全面假设、预测和数据分析的能力。

6. **解决问题**：必须用创造性思维来解决问题。

7. **创建产品、流程和服务**：包括迭代设计思维、逆向工程以及对感知和认知原则的应用在内的技术，可以帮助创建新的产品、流程和服务。[161]

那些在评估主张、分析推论、权衡决定等方面遭遇困境并努力突破的学习者，在批判性思维能力的培养上会走得更远。继而，这将使他们有可能在特定的情况下形成独特的洞察力。相反，如果不这样做，我们继续批量生产出来的只会是前耶鲁大学教授威廉·德雷谢维奇所说的"优秀的绵羊"，这些毕业生往往缺乏批判性思维和创造力。

创造力的神秘

在 2005 年斯坦福大学毕业典礼上的演讲中，苹果公司的联合创始人史蒂夫·乔布斯告诉在场的毕业生和全世界，他当年曾在俄勒冈州里德学院旁听修道士罗伯特·帕拉迪诺的书法课，正是帕拉迪诺的课程激起了他创意的火花，使得苹果电脑有了漂亮的字体。[162] 这是一段引人入胜的往事，而这令人振奋的故事告诉我们，无论你的兴趣将你带到哪里，你都要紧紧跟随着它的步伐，因为你永远不知道曾经学过的东西，会在你人生哪些地方变得大有用处。

这不是一堂关于创造力或如何培养创造力的课。如果真那么容易，那么我们都去参加书法课程，都能因此推出轰动一时的电子产品。唉，创造力确实很难培养，甚至都不容易弄清楚。类似批判性思维、创造力的概念常常被视为神

> 创造力不只关乎艺术，也不光只有有突破性想法的天才才拥有创造力。

秘而不可言喻的。是什么灵感的火花让艺术家创造出美，让科学家发现宇宙中的深层奥秘，让设计师创造出让人赏心悦目的产品呢？

创造力不只关乎艺术，也不光只有有突破性想法的天才才拥有创造力。每个人都有创造力，创造力有多种用途，例如，制造商品、寻找独特的解决方案、破解系统、利用模式、管理信息、设计系统、领导运动和创造变化等。[163]

创造力的构成

我们应该怎么做呢？这种难以捉摸的创造力是由什么构成的呢？创造力有很多组成部分，艾克纳恩·戈德堡博士在其著作《创新大脑》中对其做了以下描述。

- **突显性**：摆出中心问题和提出重要问题的能力。
- **新奇性**：对还未解决的问题充满兴趣并有能力找到解决办法。它是一种智力上的不墨守成规，不让自己坐享其成，是一种与既定的科学理论、概念或艺术形式保持距离的能力。
- **将旧知识与新问题串联起来的能力**：与新奇性相反，这是在看似全新或独特的问题中识别熟悉模式的能力。
- **生成能力和心理灵活性**：在科学的创造过程中，面对问题能设计出多种多样的解决方法，这种能力必不可少。一个科学家若一开始就能找到一个棘手问题的解决办法，那将是无比幸运的。
- **驱动力和坚韧不拔**：在某种意义上，这与上一条相反，是一种为解决问题而持续努力的毅力，与灵感和汗水之间的关系有关。
- **思绪漫游**：这是一种神秘的力量，不论它将你带到哪里，你都会自然产生一种看似不费吹灰之力就可以得到的想法。
- **注意力集中**：这是思绪漫游的对立面，是一种系统地追踪逻辑思维路线的能力。

- **破旧立新的心态**：为了引领社会前进，一个有创造力的个人，绝不会满足于当前的文化、科技或艺术现状，他会保持进取之势。
- **与社会主流和文化主题的共鸣**：有创造力的个人，特别是天才，是引领社会的先驱，但为了发展，他的工作必须首先被社会公认对生存很重要且很有效。
- **社交风度**：历史上某些极富创造力的人因其社交风度和适应能力而流芳百世，而另一些人则因缺乏此等能力而臭名昭著。
- **良好的文化土壤**：历史上，某些特定社会和时期在发现和创新上相比其他时期的收获更加丰硕。一个具备创造力的个人与其社会环境之间的相互影响，值得更深一步的挖掘和探讨。[164]

然而，传授这些技能着实不易，因为传授这些想法本身和传授如何切实执行它们之间，有着天壤之别。

传授知识和传授如何做

想象一下，大学一年级开设了一门名为"自行车骑行入门"的课程。一周又一周，学生一直在了解自行车及自行车骑行的历史、自行车的机械构成和物理原理等。授课者是一位从未骑过自行车的教授，教具是一辆偶尔被推进教室的自行车。学生很兴奋，教授却从不让他们触碰。终于，毕业的日子到了。学生写了一份考试报告，总结他们所学的知识。如果考试及格，他们就会被带到这座城市最繁忙的高速公路上，每人都会被分到一辆自行车，并被告知需要自己骑车回家。

这听起来很荒唐，直到你把自行车这个词换成学校里教过的任何科目。一个学科内容越是有细致入微或越是靠情景驱动（比如创业），它就越是荒谬得可怕。学会理论知识和学会如何做之间存在着巨大的差异。学生没有被教授创造力和批判性思考的技能，这些技能结合起来才会催生洞察力，这些才是最重要的。

这令人遗憾，但也可以理解，因为要教授这些技能特别需要我们重新设计教学模式。例如，在《面向未来的教育》一书中，乔治·库罗斯提出了解决创造性问题的思维方式八要素，并解释了教育者如何帮助学生培养这种思维方式。该方法首先将学生视为学习过程中的合作伙伴，让他们在学习中发挥积极作用，并将他们置于能探索思想、应对创造性挑战和相互学习的环境中。在我们的成长过程中，从学生和老师之间的权力动态，到严格的课时表、作业任务、没有给创造性探索留下空间的截止期限等让我们对教育感到厌倦。我们谈论的这种新的学习方式可能会让人不舒服，正如保罗·图赫在《性格的力量》（*How Children Succeed*）一书中所解释的：

> 布鲁克林的国际象棋老师伊丽莎白·斯皮格尔告诉我："要把注意力集中在并不擅长的事情上确实是很难受的。"所

以人们学习国际象棋的方式通常是阅读关于国际象棋的书，这本书可能很有趣而且引人入胜，但阅读实际上并不能将知识转化为技能。如果你真的期待在下国际象棋方面有所长进，你就必须要审视自己的棋局，总结自己的错误所在。[165]

这实属不易，但我们别无选择。对于教育而言，单单传授知识和技能是远远不够的。要让我们的经济和文化快速发展，除了知识，我们还需要洞察力。乍一看，洞察力似乎是种天赋，是一种近乎神奇的品质，有人天生就有，有人生来就没有，但再深入探究时我们发现，其实不然。洞察力来自批判性思考和创造性地解决问题的能力。我们可以运用一些有关学习和成长的新方法来培养这些能力，但我们需要思考什么样的课程对培养创造力和谋略更有意义，如何实践这些重要的技能。

如何培养创造力

在过去的几十年里，研究人员把重点放在了创造力上，发现这个神秘之物也并不像传说中的那么神秘。作者凯斯·索耶在其《Z创新》(*Zig Zag*)中解释道：

> 创造力并不神秘，它不是那种突如其来、一生只有一次的、能够改变世界的洞察力。恰恰相反，创造力是一种生活方式，是一个过程。它可能开始于灵光一现，这个灵感可能十分微小，它本身并不会改变世界。在创造性的生活中，你

> 创造力是一种生活方式。

每周、每天，甚至每小时都会产生一些小想法。关键在于，随着时间的推移，你如何将这些想法紧密结合起来，这才是创造性过程的本质。最新的创造力研究表明，杰出的创造者通过日常实践来持续获得这样的小创意，思考如何将它们整合到一个大的创造性的过程中，从而不断地获得创造性成果。[166]

做起来虽不简单，但它其实非常容易理解，我们如果能明白这个创造性的过程，就能帮助人们学习并掌握它！我们不必等待创造性的洞察力凭空出现。我们可以通过创造性的过程来训练和培养我们的工作能力，继而产生全新的洞察力。这一过程本身相当简单。索耶将其概述为 8 个阶段：

1. **询问**：如何问正确的问题。
2. **学习**：准备好你的大脑。
3. **观察**：在你的周围寻找答案。
4. **上演**：想象那些可能的世界。
5. **思考**：如何得到奇妙的想法。
6. **融合**：如何将这些想法结合起来。
7. **选择**：让好主意变得更好。
8. **行动**：使你的想法变得可见。[167]

显然，如果我们想培养创造性地解决问题的能力，帮助人们发展深刻的洞察力，我们就需要做得更好。我们首先要把这些创造性思维的强大之处融入不同的教育中。创造性教育和思维设计的最新进展使这比以往任何时候都更加可行。最令人兴奋的是，在这个过程中，每一个步骤都不是特别困难。最大的挑战不是跟上前人的脚步，而是为这些跟随者的创造留出足够的时间和空间。

孵化的重要性

即使按正确比例将所有配料混合好了，你也得不到蛋糕，除非你将这些混合物放入烤箱，再烘焙一段时间。同样，我们在本章中所分享的所有方法、步骤和框架，在我们投入时间进行调剂之后才能产生预期的效果。即使是最聪明、最有创造力的人也没法按要求产生伟大的想法。灵光一现之前，我们需要有合适的环境和足够的时间来孕育最终的深刻见解。

这不是一个新想法。早在1926年，心理学家格雷厄姆·华莱士就对诗人、科学家以及历史上那些曾记录下他们的洞察力源自何处的创新思想家，进行了广泛的分析。基于这项研究，他总结了思想家获得洞察力的一系列思维步骤：

- **准备**。这不仅包括理解有待解决的具体问题以及手头的线索或指示，还包括要考虑到所有显而易见的想法。
- **孵化**。当你把问题搁置一边时，你便已进入了这个阶段（例如，放下手头的工作去树林里散会儿步）。在这段"停工时期"，大脑仍会保持思考状态，因此这个阶段是至关重要的。大脑"离线"地处理这些问题，移走那些已经存在的想法，并加入一些备用的、最初没考虑进来的想法。
- **启迪**。灵光一现的瞬间，方法不知从何处自然而然地迸发出来。
- **验证**。检查以确保最终洞察的结果真实可行、站得住脚。[168]

这4个步骤都是举足轻重的，但是孵化阶段很可能被视作浪费时间。不过，不管作为学习者还是教育者，这一步都至关重要。我们务必要保留孵化的这段时间，它是整个过程的重要组成部分。这段时间构建了创造力生长的保护壳和环境，让批判性思维得以持续。有了这段时间，洞察力最终才会浮出水面。

还有一个困难我们尚未解决。学习和运用这些能力来发展批判性思维和创造力实属不易。要想取得真正的进步，我们需要有强大的毅力来完成思维转变、技能提升和心态改变。在下一章中，我们将研究关于坚韧性的挑战以及如应对它。

自我评估

你想测试一下自己对刚才讨论的观点的理解吗？或者你想与感兴趣的朋友和同事进行讨论吗？这里有几个问题可以帮助你。

1. 什么是"去中介化"？
2. 举例说出可能很快被"去中介化"淘汰的工作？
3. 劳动力廉价的工作并非唯一被消灭的工作，美国就业市场呈现出"被掏空"的特点。这意味着什么？
4. 顶级专业人士在他们的专业领域仍旧游刃有余，而且还会继续保持，因为他们不仅仅是了解或知悉某事，他们还带来了什么？
5. 为什么英明的领导者更加重视并喜欢那些敢于挑战和反对他们的员工？
6. 洞察力出现在两种稀有特质的交汇之处，这些特质是什么？
7. 什么是"曝光效应"？
8. 根据 2013 年的研究，93% 的雇主注重某种比本科学位更加重要的能力，这种能力是什么？
9. 什么是批判性思维？
10. 批判性思维传统上是通过潜移默化、重复，或如商学院所采用的案例教学法来培养的。而密涅瓦大学则专注于批判性思维的 7 个步骤，这些步骤分别是什么？

11. 凯斯·索耶提出的培养创造力的 8 个阶段分别是什么？

如果你想深入了解本章的内容，这里有一些好书供你参考：

- 乔治·库罗斯的《面向未来的教育》
- 米哈里·契克森米哈赖的《创造力》(*Creativity*)
- 艾克纳恩·戈德堡的《创新大脑》
- 凯斯·索耶的《Z 创新》

8

坚韧不拔：
当遭遇艰难险阻时，强者何以勇往直前

在一个狭小的封闭空间里，一点儿汽油的火花就能把一个马铃薯推出500英尺[①]远。如果将动力在一分钟内扩大几百倍，这种力推动的就不只是一个马铃薯了，而是一台发动机，这样的动力能将一台保时捷911跑车的涡轮增压器在不到3秒内加速到每小时60英里。

这就是内燃技术。今天，它在为道路上的每一辆非电动汽车提供着动力。不管你是坐在类似刚才那辆保时捷的豪华汽车的真皮座椅上，还是在另一辆更加温馨的、搭载着儿童座椅、座位上残留着主人颇有创意的各色斑痕的运动轿车上，令人难以置信的是，这项技术都会使车内的你经历每分钟连续数百次的受控爆炸，而这一切就发生在你座位下几英尺的地方。

它是一种强大的技术，但它也脆弱到惊人。虽然"油箱里的糖"是一个市井传说（糖实际上不溶于汽油），但有一种更简单的物质会使发动机无法运转：水。因为水比汽油重，只需往油箱里倒几杯水，汽油便会浮在水上，水便会代替燃油流入油箱管道，从而导致发动机报废。

---

① 1英尺=0.304 8米。——编者注

我们与生俱来的学习能力像极了伟大的内燃机技术，它极其强大并推动着我们不断向前。但它也无比脆弱，容易受损。这是许多学生所遭遇的情形，确切地说是他们的油箱里也进了水，于是就报废了。28% 的美国大学生在第一学年就辍学了，57% 的人 6 年后仍未完成 4 年的课程。[169] 技术创新似乎让情况越发糟糕，而非有所好转。慕课的平均完成率在不到 10% 或很低的两位数，[170] 而在线课程的辍学率高达 87%。[171]

为什么会这样呢？这是每个教育工作者都需要认真对待的问题。

为什么有些人会放弃？

20 世纪 60 年代，由总教练文斯·隆巴迪带领的绿湾包装工队，赢得了比美国国家橄榄球联盟（NFL）中的其他队伍更多的冠军。他以"胜利者永不放弃，放弃者永不胜利"的宣言闻名于世。然而，生活有时比橄榄球更复杂。顽固地拒绝放弃，就是一种沉没成本谬误。它可能意味着在没有结果的事情上一再投钱，而忽视了做那些原本更有成效和更易成功的事情的机会成本。事实上，正如赛斯·高汀告诉我们的，胜利者也总是放弃："他们只是在适当的时候，放弃了恰当的东西。"[172]

你怎么知道何为正确的事情，何时又是恰当的时间呢？你如何从高汀所谓的正在经历"低谷"的项目中，区分出哪些该被放弃呢?

如果没有可以窥见未来的水晶球,我们就必须做出可靠的预测,从我们已有的经验和收集到的信息中进行推断。这说起来容易,但做起来其实很难,它和培养洞察力一样困难。我们并非从已有的信息中得出结论,而是用已有信息进行推导、得出某种推论,再基于这种推论做出最好的决定。两个人可能拥有相同的信息,却会得出不同的推论。好的推论会导向好的决定,而坏的推论则会导致错误的决定。

> 两个人可能拥有相同的信息,却会得出不同的推论。好的推论会导向好的决定,而坏的推论则会导致错误的决定。

悲观主义者的 3P 特征

很少会有人像马丁·塞利格曼这样深入研究导致这些推论和决定的心理特点。他是一位在韧性、毅力、习得性无力、乐观和悲观等诸多方面都十分权威的专家。塞利格曼已经证实了 3 种可能导致错误决定的不良推论模式,他称其为悲观主义者的 3P 特征,即自我化、普遍化和永久化。

1. **自我化（Personalization）**：将任何过失都归结于自身（"都是我的错,太糟糕了"）,比如,把糟糕的成绩归因于自身能力不足而不是缺乏准备。

2. **普遍化（Pervasiveness）**：认为任何事情但凡出错,就会影响到其生活的方方面面（"我的整个生活都糟糕透了"）,

比如，仅仅因为与同事的一点冲突就认定没有人喜欢自己。

3. 永久化（Permanence）：认为内心的余悸会一直持续下去（"会永远倒霉下去的"），比如，认为丢了工作（或者辍学）将影响他的余生。[173]

自我化
"都是我的错。"

普遍化
"我的整个生活都糟糕透了。"

永久化
"会永远倒霉下去的。"

悲观主义者的 3P 特征

学习的过程实属不易，尤其是当你尝试着努力学习一些会改变你人生的事物时。一路上你一定会遇到很多挫折和挑战。虽然这些挫折和挑战都是客观事实，但不同的人会从中得出不同的推论。例如，一位学生在理解某个特定概念或练习时遇到了困难，他得出的推论不是自己还需更多地学习或者可能需要寻求帮助，而是把失败归因于自身（"我太笨了所以才学不会"），并将这种情绪扩散到其他事情上（"我在学校的表现都很糟糕"），甚至怀疑这种情形将永久地持续下去

("我永远也做不好这件事了")。

当然,你有充分的理由认为这些推论不正确,它们会成为自证预言。然而,如果你把它们当作事实看待,那么决定放弃也是很有道理的。毕竟,如果真有人愚蠢到怎样都学不好一门课,在学校里所有表现都很糟糕并且永远也不可能学得会,那他还有何必要再把时间、精力和财力都投入这希望渺茫的努力之中呢?

你可能会想,为什么如此多的人会从他们经历的挫折中得出糟糕甚至有害的推论。也许我们要问一个更恰当的问题:为什么有些人没有得出有害的推论呢?

为什么有些人能够继续坚持?

1990 年,杰里·斯特宁被派去越南乡村拯救严重营养不良的儿童。斯特宁很清楚营养不良的复杂根源,但他深知这是一个"真实却无用"的难题,因为即便让他全权负责,在有限的时间内,面对有限的资源,要改变像国家卫生、贫困或教育这样涉及面广且复杂的事情,也是完全不切实际的。

他走访了一些村庄,见到了喂养孩子的主要专家——乡村里的母亲。他询问是否有一些贫困家庭的孩子要比其他孩子长得更高大、更健康,他追踪那些反馈"是"的回答,去考察那些孩子的母亲是怎么喂养孩子的。原来,她们一天中更频繁地给孩子们喂小分量的食物,在日常的汤或米饭中加入盐水虾,并注意从锅底舀起,因为虾和青菜都沉在了锅底。斯特宁没有试图设计那些当地无法实现的解决方案,他找到了一种相当奏效的方法,并教会其他人使用它。结果,不出 6 个月,他所帮助的村庄中有 65% 的孩子得到了更好的营养。[174]

复制已经奏效的方法而不是开发尚不存在的方案,在奇普·希思和丹·希思的《行为设计学》一书中被称为"寻找亮点"。正如丹在《快公司》杂志中所解释的:

> 假设你在 6 个月前推出了一套全新的销售流程,到目前为止,结果喜忧参半,有两位销售员的销售业绩翻了一番,有 6 位还和以前一模一样,还有两位屡试屡败。有 3 个人声称,如果不放弃这个方案便要辞职。这时你会怎么做?大多数管理者会想着如何解决当务之急,因此把所有的时间都花在对付那 3 个挑事者身上。那两个领先者已经能自力更生了,对吧?不,你完全颠倒过来了。你应该把时间花在复制前两位正在做的事情上。他们是如何在新方案下达成如此成就的?也许他们创造了新的销售文案,或者调整了他们达成新目标的方式。如果能分辨出他们做的哪些事情在助力起效,你就可以将有效的方法传授给其他的销售员。[175]

与其问为什么有些人会辞职,不如问些更具建设性的问题:即使在这种不太可能的情况下,为什么有些人还能继续前进?

所有的学生都会遭遇各种困境。课程或许没有预期的有趣，又或许让人感觉困难重重。他们也许会被一项任务搞得焦头烂额，或者得到低于自己预期的分数。也许光是把一门课插入繁忙的日程之中，他们已是精疲力竭。也许还有其他烦琐的事情正消磨着他们的意志、分散他们的注意力。即便在最好的状态下，一些挣扎也是不可避免的。正如我们从安德斯·艾利克森身上学到的那样，我们真正能学到新知识、取得好成绩的唯一方法是通过深思熟虑的刻意练习，走出自己的舒适区，尝试去做一些超过现有能力的事情。[176]

并不是每个人都会以相同方式来回应这些挑战。当一些人放慢脚步或决定退出时，另一些人却不断努力，进而取得胜利。那些成功了的人在面对压力、创伤和学习困难时的做法有何不同呢？

学习的亮点

我们也许会假设他们更聪明，但事实并非如此。在关于辍学人数的统计中，有天赋的学生人数占比更高（统计显示，天资聪颖者只占学生总人数的2.5%或3%，[177] 却占高中辍学总人数的4.5%）。[178] 同样，成年人的自主教育也是如此。每年有成千上万的高智商成人退出在线课程。所以单靠智力并不能帮助你克服某些学习上的困难。[179]

> 在关于辍学人数的统计中，有天赋的学生人数占比更高。

很显然，那些成功者的不同之处在于他们掌握了某种非认知能力：动机、毅力、时间管理技能、工作习惯以及要求反馈和寻求支持的能力等。不管我们的智商如何，这些素质对我们来说都很实用。即便是天资聪颖的人，若在一个问题上只有3分钟热度，那也是不够的。真正明智的做法是，在第一次受阻之后，继续不断尝试新方法。如果这还不行，那就去找老师或教练帮忙，带着需要解决的具体问题，来寻求突破的方法。

研究人员发现，智商测验或其他标准化考试测出的智力与大学平均绩点并不相关。非认知性的学术技能，如自控力和毅力，才是学术上能有所造诣的关键。积极心理学运动之父马丁·塞利格曼等人认为这些技能都属于积极心理学的范畴，他的助手安杰拉·达克沃思写了一本关于毅力的著作，米哈里·契克森米哈赖因其"心流"的概念而广受关注，卡罗尔·德韦克给我们带来了成长型思维模式，还有许多人都做了相关的研究。芝加哥大学的芝加哥学派研究联合会的研究人员解释说：

> 智商测验或其他标准化考试测出的智力与大学平均绩点并不相关。

普遍的解释是，除了衡量学生的知识储备和学术技能之外，大学成绩还反映了学生的一系列学术表现、学习态度和学习策略的好坏，这些对学生学业和未来事业的成功都至关重要，具体包括学习技能、出勤率、工作习惯、时间管理能力、寻求帮助的能力、元认知策略、社交能力和学术问题解决技能等,这些技能让学生能顺利地适应新环境,达到新的学术要求和满足社会需求。除了这些关键的成功因素,成绩还反映出学生对自身智力的认知、自我控制力、毅力,以及与同龄人和老师之间的人际关系。[180]

用经济学家詹姆斯·赫克曼的更为简明扼要的话来说,就是"人生中的成功,需要的远不止智慧。行为动机、社交能力(与他人共事的能力)、工作专注度、自我管理、自尊心、时间管理、身体素质以及心理健康等,这些都很重要"。[181]这一系列特质整合起来可以被称为坚韧,而不少受人追捧的品质都出自坚韧。坚韧是成功的秘诀,尤其是在我们这个倡导自主学习、在线学习的新世界里,自我激励和自我管理是必不可少的特质。

我并不是说坚韧是一个人成功路上、受教育途中或其他方面中唯一重要的东西,还有很多其他因素,包括先天智力、成长环境、社会阶层等,当然还缺不了运气,它们都对成功有一定的影响。我认为(有数据支持),坚韧这种品质会对我们产生出乎意料的影响:它能让我们在生活中获得好运气,也能使我们从容应对坏运气的挑战。

> 坚韧这种品质会对我们产生出乎意料的影响:它能让我们在生活中获得好运气,也能使我们从容应对坏运气的挑战。

逆境下的大力支持

在理想情况下，坚韧这种重要的非认知能力的种子在我们儿时的成长经历中就播下了。关键不是要避免压力或挑战，而是在身边人的支持下学会去如何面对它们。这是面对悲观主义的自我化（"这事确实有难度。让我们再试一次。"）、普遍化（"这的确难，但你已经做好过很多事，并且现在也做得不错。"）和永久化（"有些事情确实感觉很难，但随着练习，最终都会好起来的。"）等的终极解药。临床心理学家雪莉·沃林博士和她的风险投资家丈夫罗布·沃林这样解释道：

> 心理学研究中的确有大量的文献支持这种案例。在遭遇大量的挫折并获得强力的支持后，人就会拥有毅力、坚韧和勇气。这些企业家在儿童时期就学会了直面困难、不退缩。他们懂得依靠支持自己的力量，找到能帮助自己前进的工具，即使在艰难困境中也能坚持不懈。[182]

如果你小时候没有经历过挫折和鼓励相结合的教育呢？坚韧的品质经常被我们忽视。不少人认为，我们能够在早期培养它，可过了这个特定阶段后，我们要么已然拥有它，要么就根本没有。但是，数据显示，关于坚韧这种品质，最令人兴奋的是它具有难以言喻的可塑性。这并不是说孩童时期不是培养坚韧品质的最佳时机——在那个时期培养当然再好不过了，就像在一个完美的世界里，我们都有完美的父母、生活在安稳的家庭中、享受优渥的生活条件。这些都是整个社会为之努力的重要目标,但超出了任何一个教育工作者的能力范围。作为教师,我们改变不了人的智力,更不能改变人的成长环境或社会经济地位,但我们可以培养他们自我约束、自我监督的能力和勇敢无畏的特质,从而帮他们构建坚韧不拔的品质。

科学证实我们可以变得坚韧

篮球是高个子擅长的体育项目。虽然对球员身高并没有最低要求,但NBA(美国职业篮球联赛)历史上只有25名球员的身高在5英尺10英寸以下,自2010年以来活跃在赛场的球员中只有4名在这个标准以下。[183]如果你中等个头,只

> "你不能训练身高。"

有5英尺7英寸高(像我一样),那么无论你多么爱篮球,你可能都得另寻其他的职业道路了。用传奇企业家兼投资者比尔·坎贝尔的话说,"你不能训练身高"。

同样的道理,诺贝尔奖获得者需要站在智力曲线的最顶端,海豹第六特种部队需要具有最好的身体素质的队员,而最高政治领袖则需是具备非凡魅力和影响力的人。当我们想到那些精英的表现时,我们更趋向关注那些登上头版头条的少数人的基本特征。然而,在教育和学习方面,这种对世界顶尖者的关注往往使我们误入歧途,过于注重人本身的特点,而对技能的关注远远不够。要成为世界顶尖高手需要两者的结合,即优越的自身条件,加上通过10 000小时的专注、刻意的练习而

练就的技能。

这项研究向我们展示了坚韧品质的可塑性：与人们通常以为的正好相反，坚韧不是亚里士多德说的一种特质或美德，它是一种技能，一种可以被培养的技能。虽然我们大多数人永远不会在 NBA 打球，但我们可以通过打篮球提高自身的身体素质和健康水平，体会其中的乐趣。要做到这一点，我们必须关注我们学习体育活动的环境、我们的心态以及我们正在形成的习惯。我们可以通过关注自己的非认知能力来学习和成长，这些能力包括驱动力、毅力、时间管理能力、工作习惯以及寻求反馈和支持的能力等。

> 我们可以通过关注自己的非认知能力来学习和成长，这些能力包括驱动力、毅力、时间管理能力、工作习惯以及寻求反馈和支持的能力等。

坚韧这种技能不仅是可以被言传身教的，也是当代教育者必须教授的。它是在现代社会取得成功的关键，没有它，许多学生甚至无法完成目前的学业。所有的教育者都有责任训练学生获得足够的毅力，从而帮他们完成学业并取得预期的结果。

帮助人们培养这些重要技能的设想是令人兴奋的，但我们要如何做呢？与其寄希望于人们跌入逆境之后再给予其大力帮助，不如为学习者精心设计一些情境，提供给他们帮助其渡过难关的武器。

我们怎样才能培养坚韧的品质?

我们可以通过大量的研究，来了解哪些是教育者最应该传授的重要技能。格伦·惠特曼和伊恩·凯莱赫在他们的《教育脑科学》一书中阐述了在学习上获得成功的 4 种非认知因素，以及有助于提高学习成绩的 4 种关键心态。这些非认知因素包括学习行为（上课、专注、参与和完成作业）、学习毅力（勇气、坚韧、自我控制和延迟满足）、社交技能（合作、主张、责任和共情）和学习策略（学习技巧、元认知、自我调节和目标设定）。4 种关键心态包括归属感（"我属于这个学习群体"）、隐性能力理论（"我的能力会随着我的努力而提高"，也被称为成长型思维模式）、自我效能（"我能在这方面取得成功"）和期望价值理论（"这项工作对我有价值"）。[184]

导向学习成功的非认知性因素

1. 学习行为（上课、专注、参与和完成作业）
2. 学习毅力（勇气、坚韧、自我控制和延迟满足）
3. 社交技能（合作、主张、责任和共情）
4. 学习策略（学习技巧、元认知、自我调节和目标设定）

成功学习的 4 种关键心态

1. 归属感——"我属于这个学习群体"
2. 隐性能力理论（又叫成长型思维模式）——"我的能力会随着我的努力而提高"
3. 自我效能——"我能在这方面取得成功"
4. 期望价值理论——"这项工作对我有价值"

惠特曼和凯莱赫的概念

诚然，这应是一个很长的列表，但作为教育工作者，我们可以在这些方面为学生提供支持。从本质上讲，在帮助学生培养毅力的过程中，有4件事我们要鼎力支持。

1. **支持有效的行为**。鼓励参与；想方设法地鼓励学习者加入在线课程、参与在线讨论；向完成任务者给予奖励和鼓励。

2. **为坚持不懈提供支持**。仅仅告诉学生"你需要继续努力"，这是完全不够的，我们必须找到方法，帮助学生理解他们自身将面临的挑战，即使对他们来说并没有即刻回报，也要让他们坚持完成这些挑战。

3. **创造合作和发挥主动性的机会**。当学生在一门课程中觉得自己被孤立或感到孤独时，教育就会变得很困难。当有机会与他人合作或者主动帮助别人，成为某个组织（哪怕是虚拟组织）的一分子时，学习就会变得充满意义，也会更加有趣。其附带的好处是，学生与此同时也提高了社交技能。

4. **帮助学习者理解学习内容并且设计个性化的学习方法**。优等学生之所以表现出众，部分原因是他们掌握了适合自己的学习策略。他们知道自己是否理解了某个概念，能否采取行动。他们设定了个人目标并朝着目标不断前进。对于那些自己还没掌握适合自身学习方法的学生，我们可以指导他们进行更加有效的学习。

关键是如何分享这些学习方式，让人们不仅能够理解它们，还会采纳并且使用它们。这涉及传授知识和教授如何做这两种方式，如果学生了解了概念但行动上没有丝毫改变，再好的方法也是枉然。好消息是我们不会盲目实践,有大量的积极心理学和神经科学领域的研究可供借鉴。我们可以挑选最好的、已被研究证明了的技术,与我们自己的学生一起尝试,并随时调整。

但是,这些非认知能力都是高度个性化的,这意味着如何帮助别人培养能力将取决于你的个人风格和他们的特点。强硬派教练的做法("严厉的爱,没有借口!")可能会让你在面对挑战时坚持到底,但这可能并不适用于每个学生。同样,一种凭借直觉、激情的精神疗愈方法可能会促进某个学生的积极成长,但它不会对每个学生都有效。我们必须依靠自己的优势,同时还要适应和结合学生的个体需求。

所以,为了让一切更具操作性,我们列出了4种培养此类技能的具体方法。每一种方法背后都有研究支持,你可以根据实际需要对它们进行整合。

从动机开始

一切都始于动机。如果学习者没有动机驱动,那么任何学习方法或技巧对他们来说都没有用。当事情变得棘手时,他们就会索性放弃。不过,正如我们所见到的,并不是人人都会放弃,仍有人在砥砺前行,特别是那些具备安杰拉·达克沃思所说的"坚毅"品质的人。但正如卡洛琳·亚当斯·米勒所指出的,我们无须对每件事都"坚韧不拔"。坚韧是对我们所在意的事物所特有的。[185]但是坚韧究竟从何而来呢?面对一路的荆棘和困难，我们要从何获得坚持的动力呢？

自我决定理论的研究已经证明了拥有内在驱动力的重要性：我们之所以做某件事是因为它很有趣，能让人感到快乐，或者它至少传达了一个人的价值观和身份认同，而不是因为受到外力的胁迫。具有内在驱动力的人会更加努力，也能坚持更久，表现得更为灵活，在创造力上更胜一筹，并且在学习上也会比具有外在驱动力的人更加深入透彻。[186]

令人惊讶的是，内在动机有时候会被外在需求所破坏，比如奖励、等级和社会压力等。在传统的学术环境中，分数和奖励等激励机制会导致学生失去自我的内在动机。[187] 这种情况一旦发生，他们就会开始只为外在奖励而努力，内在动机的益处（持久性、灵活性、创造力和深度学习）便会逐渐消失。

帮助学习者培养自律能力

第二种方法是帮助学习者变得自律，但可能并不是你认为的那种自律。自律经常与自我否定相混淆，有人认为自律就是吞下难吃的减肥餐，或者强迫自己更加努力、坚持更久。事实上，自律是一种理智，它能让你清醒地知道你真正想要的，而不是凭一时冲动做事。我们可以通过正念和感恩来让自己变得更加自律，这也能让我们的视野变得更宽广。

近年来，正念成为非常热门的话题。你可能也听说过，正念练习可以减少抑郁、焦虑以及与压力相关的各种疾病。对教育来说，更为重要的是，正念可以提高自我效能感，这是学习过程中的一个关键因素。但正念究竟是什么呢?

正念通常被解释为一种觉知,一种以开放和接纳的方式将所有的积极、消极和中立情绪联系起来的方式。这种觉知包括从对某事抓住不放和希望某事与众不同的想法中走出来。单纯地知道并接受此刻的情况,知道现在发生了什么,不增加任何杂念,不试图得到更多想要的(快乐、安全感),也不试图摆脱不想要的(恐惧、羞耻感)。

心理学家肖娜·夏皮罗和琳达·卡尔森开发了一个正念模型,它包含3个核心要素:意图、专注和态度。意图是指知道我们为什么要练习正念,理解我们的个人愿景和出发动机。专注涉及观察人每时每刻的内在感受和外在经历。态度是指让人对某事全情投入的要素,包括开放、接受、好奇和善良。[188]

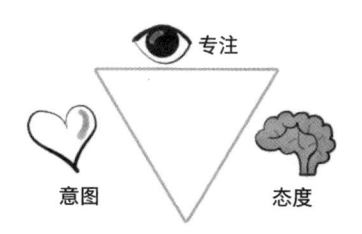

正念学习者能够将学习新技能时获得的各种经验感受,坦诚地、灵活地联系起来,从容面对任何困难、挑战或阻碍。当面对让人分心的事情时,他们很清楚什么是重要的,什么是必须放下的。

心理对照

一旦学习者全神贯注且努力向前,他们就会学到足够的知识,开始接受更困难的挑战,这将使他们遭遇暂时的失败,让他们感到挫败。有些具体方法可以帮助他们应对学习过程中的起伏不定。有一种有效的方法叫作"心理对照",本质上是让人们在遇到困难之前做好准备。

这个概念来自纽约大学的一位著名心理学家加布里埃尔·厄廷根。她在她的《反惰性》(*Rethinking Positive Thinking*)一书中解释说,乐观主义者和悲观主义者的思维都有缺陷,这会导致他们在面对挫折时表现欠佳。乐观主义者享受"乐在其中"的错觉,他们幻想着自己将拥有美好未来以及在学习过程中的一切美好感受。这在当时感觉很棒,但不会带来多少成就,因为在第一个重大问题出现后,一切就都会崩溃。

悲观主义者则落入了"深陷其中"的困境,他们总想着学习中的一切障碍,以及为什么无法实现自己的目标。例如,一位悲观主义者在水彩画课上会苦恼于她的画为何不是所期待的样子,为何院子里总没有她感兴趣的东西可以画等。悲观情绪并不能给我们的学习带来帮助,你对此可能也不会感到惊讶。

心理对照是克服两种思维缺陷的明智选择。诀窍是,在专注于积极的结果的同时,预想成功路上的潜在障碍。厄廷根告诉了我们一个简单易记的方法(WOOP思维方法),包括以下步骤:

1. 希望(Wish)

你想实现一个什么样的重要愿望?你的愿望应具有挑战

性，但有实现的可能。

2. 结果（Outcome）

你预期的结果是什么？停下来，花点儿时间想象一下期待的结果。

3. 障碍（Obstacle）

在实现这一目标的过程中，你可能遇上的主要障碍是什么？

4. 计划（Plan）

克服障碍的有效措施是什么？制订一个"如果–那么"的计划：**如果**遇到那个障碍，**那么**你就要采取这个行动。[189]

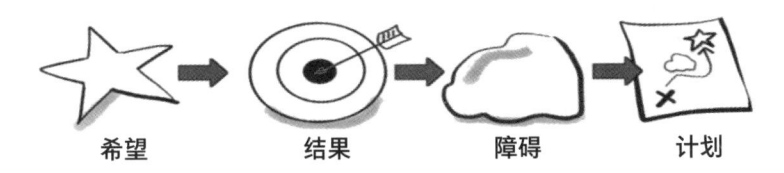

希望　　结果　　障碍　　计划

加布里埃尔·厄廷根的 WOOP 思维方法

1. 希望：你想实现一个什么样的重要愿望？

_____

2. 结果：你所预期的结果是什么？
（停下来，花点儿时间想象一下期待的结果。）

_____

3. 障碍：在实现这一目标的过程中，你可能遇上的主要障碍是什么？

_____

4. 计划：克服障碍的有效措施是什么？
（制订一个"如果–那么"的计划：如果遇到那个障碍，那么你就要采取这个行动。）

_____

培养成长型思维方式

对于长期记忆和技能培养，我们在学习过程中遭遇的挣扎、挑战和困难都会使我们受益，尽管在直觉上我们感觉自己好像失败了且远远落后。用有趣的方式接受一个新的想法或者完成相对简单的任务，这种感觉是妙不可言的。然而，在一项工作上没有达到预期结果，或者提交的作业未收到预期的反馈，都会让人感到失望。

好老师会想方设法帮助学生走过令人不安的成长道路。具体来说，惠特曼和凯莱赫认为，教师应该帮助学生反复尝试、评估进展，然后推陈出新。我们应该指导学习者积极应对失败，寻找挑战，重视精熟目标而不是绩效目标。

前面的每一种方法在这里也适用。动机是必不可少的；自律使我们在遭遇挫折后深思熟虑，采取理性的行动；心理对照使我们在挑战出现之前就制订好应对计划。

更进一步说，我们可以结合这些方法来鼓励学习者培养成长型思维。在九年级左右，大多数人的思维开始从成长型转变为固定型。这意味着他们开始把自己的智力和学习能力看作是与生俱来的、无法改变的。他们越来越不敢在学习中冒险或生怕犯错误，害怕这会影响自己的成绩。

固定型思维是学习和发展的障碍。最成功的学生在学习时不怕冒险或失败。他们相信自己能从每一个错误中吸取教训，并在这个过程中变得更好。我们能为所有学生做的最有效的事情之一就是帮他们建立起积极的、创造性的思维方式。

所以现在我们探讨了杠杆式学习的 3 个组成部分：知识、洞察力和坚韧品质。我们依次深入研究了每一个问题，以及如何将这些问题转化为一种学习经验，从而使所有教育工作者都能帮助他们的学生走向成功。现在让我们把注意力转移到拼图的最后一块：实际学习的过程。

自我评估

你想测试一下对刚才所讨论的观点的理解吗？或者你想与感兴趣的朋友和同事一起讨论吗？这里有几个问题可以帮助你。

1. 悲观主义者的 3P 特征是哪些？
2. 即使有天赋的学生和聪明的成人也会辍学，那些成功人士与他们相比有何不同？
3. 造就坚韧品质的是什么？
4. 根据《教育脑科学》一书，与学习成功相关的关键性非认知因素是什么？
5. 有助于提高学习成绩的 4 种关键心态是什么？
6. 学生需要教育者为他们做哪 4 件事？
7. 教育工作者可以采用哪些研究支持的方法来帮助人们学习和发展？

8. 什么样的动机才是适合学习的内在或外在动机？为什么？
9. 外部奖励是如何破坏内在动机并最终影响学习的？
10. 如果自律不是自我否定，那它是什么？
11. 哪些做法有助于人们做出自律的选择？
12. 夏皮罗和卡尔森认为，正念的 3 个核心要素是什么？
13. 什么是心理对照？
14. 请描述加布里埃尔·厄廷根的"WOOP 思维法"的各个步骤。
15. 相对于固定型思维，什么是成长型思维？哪一个更适合学习？

如果你想深入了解本章的内容，这里有一些好书供你参考：

- 马丁·塞利格曼的《持续的幸福》(*Flourish*)
- 安杰拉·达克沃思的《坚毅》(*Grit*)
- 卡罗尔·德韦克的《终身成长》(*Mindset*)
- 保罗·图赫的《性格的力量》

9

设计优秀的课程

与你听到的可能恰好相反，阿尔伯特·爱因斯坦自幼就是个才华横溢的学生。然而，他无法接受老师的专制，以至于在5岁的时候，因无法忍受教他的老师的风格而向其扔了一把椅子。[190] 这使他的老师妄自断言"他永远不会有多大成就"。阿尔伯特的母亲波琳·爱因斯坦却不同意。她去买了几本书，开始亲自教育阿尔伯特。[191] 在这里我们看到了成功的3个基础：爱因斯坦很善于吸收课堂上和他母亲使用的教科书中的知识；好奇心和批判性思维组成的洞察力是所有孩子的本能，他拒绝老师将它们从自己身上夺走；在母亲的关爱和支持下，爱因斯坦有了抵抗逆境的坚韧品格。

　　以此为基础，结合非凡的天赋和某些机缘巧合，爱因斯坦的学术成就令人敬仰，他提出的广义相对论获得了1921

> "想象力比知识更为重要"。

年的诺贝尔物理学奖，他还提出了全世界最著名的公式——$E=mc^2$。爱因斯坦告诉我们"想象力比知识更为重要"，对这一点，我们应该格外重视。因为知识是有限的，而想象力却能装下整个世界，激励进步，孕育进化。

　　爱因斯坦不仅很聪明，而且很睿智。他知道世界上有两类问题：一类有正确答案，另一类没有答案。在物理学、数学或生物学领域，事物以它们各自的方式运作，我们需要找到它们的运作方式是什么。这便是物理规律是被发现的而不是被发明的原因。不管我们发现与否，它们已然存在。即便当中一些问题复杂到令人难以置信的地步，正确答案也依旧等待着我们去寻找。然而，在艺术、文学和音乐领域，是没有标准答案可循的。我们可以在这些领域想象和创造更多可能的答案。

教育工作中的挑战就在于：做好这项工作要兼具解决这两类难题的能力。我们已经了解到，有效的指导和授业是一门科学。而有效的解释、令人信服的隐喻和引人入胜的传授，可以带来更好的学习效果，这也是一门艺术。让我们一起向那些每天都要面对半是科学、半是艺术的挑战的人学习吧。

如何推出一门课程

如果有什么人可以被称为解决没有标准答案问题的专家，那么不出意外，大卫·凯利必定实至名归。他是设计公司IDEO的创始人。他的设计团队经常被请来设计各种各样的东西，从完美的购物车[192]到更好的隔间[193]，但他们从不是购物车、隔间或任何其他产品设计的专家。那么他们是怎么做到的呢？

IDEO的秘密武器，也是被设计行业共享的秘密，就是被称作"设计思维"的过程。教育家约翰·斯宾塞和A. J. 朱利安尼很好地解释了这个过程（整个过程的首字母缩写组合是LAUNCH）：

- **看、听、学**（Look，listen，learn）。在你着手解决一个问题、构思一个想法、阐述一个情况或一个需求之前，你必须先了解它以及它会影响到的人群。这是通过培养学生的好奇心、共情能力以及他们的学习目标来完成的。
- **多问问题**（Ask lots of questions）。花些时间来详细探讨问题的细节。注意要提醒自己：不是下结论，只是提问。问问学生他们发现哪些内容较为有趣、哪些内容具有挑战性；问问专家哪些是意料之外的，哪些是实际有效的。
- **理解问题或过程**（Understand the problem or process）。用业内知识和好的实践来回答你的问题，补充你的论述。在明确了真正要解决的问题之后，我们可以用最好的办法来解决问题。
- **寻找想法**（Navigate ideas）。你开始集思广益，收集解决方案，你可以利用前面几章里所分享的关于创造力的方法。然后你可以评估每个方案的优点，并继续展开头脑风暴，看看会出现哪些值得深入的解决方案。
- **创造**（Create）。最后，你已经准备好把想法变成现实，你需要先建立一个样本、制作一个模型，或者写一个草稿。我们可以将其称为"试运行方案"。它可能还有些粗糙，但已足够有用了。

- **突出哪些有效，哪些无效**（Highlight what's working and failing）。在关注成功和挑战的同时，你也要寻找途中的故障和阻碍，要看看哪些需要修改，哪些需要加强，哪些需要彻底去除和替换。这需要你再次回到循环的开始。[194]

这个过程之所以稳健牢靠、强大有效，原因很简单：它采取了一种学习、迭代和改进的方法，而不仅仅是构建和呈现。在这6个步骤中，只有一个步骤是直接开发和呈现课程。通过这些步骤，你可以持续学习。

β 心态

你会如何评价或量化一个艺术家的成功呢？根据其声誉？根据其作品的含金量？对其他艺术家的影响？又或是这位艺术家逝世几百年之后，人们对他的作品是否依然趋之若鹜？要符合所有这些标准，列奥纳多·达·芬奇绝对是功成名就的典范。列奥纳多的思想有很多面，他不断地在不同的研究领域和他感兴趣的项目之间跳跃，他因为作品的精妙而闻名世界，而他完成这些作品的耗时之长简直令人难以置信。《蒙娜丽莎》被认为是他最伟大的杰作。在生命的最后17年里，他一直致力于《蒙娜丽莎》的创作，但这幅画最终也未能交付到委托达·芬奇创作它的人手中。

如果达·芬奇本人对这些结果满意，那无可厚非，但历史记录显示并非如此。的确，他遗留下来的作品都位居世界上最有价值的艺术作品之列。例如，最近被发现并修复的画作《救世主》，大多数学者认为是达·芬奇的作品，它以前所未有的4.5亿美元的价格售出，是世界上最贵的画作。[195] 但达·芬奇本人从未见过这些钱。在他的整个职业生涯中，他都依靠着那些纵容他古怪行为的贵族和政要对他的庇护而生活。与之形成鲜明对比的是他同时代的竞争对手米开朗琪罗，他创作了著名的雕塑作品《大卫》，并绘制了西斯廷教堂的壁画。当去世时，米开朗琪罗留下了一处价值5万弗罗林[196]的庄园，相当于今天的4 000多万美元。

米开朗琪罗成功的关键是什么？至少一部分原因是他静下心来，认真完成了工作，比起只有几十件作品的达·芬奇，他为他的顾客完成了200多件艺术作品。简而言之，史蒂夫·乔布斯所言极是：真正的艺术家能将产品上市！

> 史蒂夫·乔布斯所言极是：真正的艺术家能将产品上市！

但市场化便意味着妥协。即使是乔布斯这样一位著名的完美主义者（这导致了无数次的产品生产延迟和产品发布延迟），也只能发布当时技术所能制造的最好的产品。对于一个完美主义者来说，做出这样的妥协需要一种通常与乔布斯无关的品质：谦卑。这就是杰夫·科布所说的 β 心态（Beta Mentality）[197] 的根源。β 心态是指必须克服一开始就生产出完美产品的想法。但与此同时，如果推向市场就等同于妥协，那么我们生产的任何课程都不会像它最终能达到的那样好，作为课程创造者，我们有责任去修复和改进它。

学习和成功的动力

你将在晚宴上分享的一个想法写成了一篇文章，它引来了众多关注，这说明你言之有理，所以你打算将它写成一本书。你仔细研究、与专家探讨、撰写章节草稿，日子不知不觉过了几周、数月甚至好几年。这一过程既漫长又孤独，而且耗费了你本来可以陪孩子玩耍、与伴侣聊天，甚至可以用来挣些零花钱的时间。但你仍然对自己所行之事充满信心，要坚持走完这一曲折的旅程，即便想法刚有头绪，比喻刚在大脑中萌芽，一章章被废弃的草稿让你意识到这本书需要转向另一个方向。终于有一天，你带着一份完整的手稿走出了你的洞穴。

你很想庆祝一下。毕竟，自己如此努力，也已经走了这么远。但这仅仅是个开始。是时候和你认识的最聪明的人分享这份珍贵的手稿，并做好心理准备接受他们坦率的反馈了。天哪，反馈来了吗？你很快就会发现，你的拼写并不像理想中的那样准确，你比别人都更常用分号，那些你引以为豪的雄辩之语只不过是啰唆重复。解决了风格问题之后，善意的评审员将评判你的作品本身。他们小心翼翼地和你说他们看到了很大潜力，但你的作品看上去有些思维混乱，你写的隐喻也不太清晰，概念设定上的某些地方远比你想表达的要弱。这个批评过程令你头晕目眩，你会把大量的精力花在这些评语上，挣扎着想区分开哪些观点你不赞同，哪些观点言之有理，只是你不想听罢了。这样做虽然不容易，但它是必须的，也是有价值的。归根结底，一本书的好坏取决于它对读者的思想和生活的影响。

一门课程也是如此。我们发现了一个问题可以通过教育来解决，我们认真地思考了我们想传授的知识和技能、我们想培养的洞察力，以及我们想塑造的毅力。然后，我们借助前文提到的 LAUNCH 模式、杠杆式学习的 6 个层次来制作我们的课程。最后，是时候和我们的第一批学生一起检验课程效果了。我们看到自己的解释不像想象的那么清晰，而且学生也不像期待的那么充满动力。更不用说，我们的方法过于复杂，我们的算计并不奏效，而我们精心设计的行为似乎并没有吸引到学生。但谢天谢地，我们为学生提供了足够的支持，而且也付出了巨大的努力，使他们顺利越过了终点线。

我描述的情景有点儿戏剧化了吗？在某些情况下或许是，在某些情况下则不是。然而，绝对正确的一点是：创建一门课程仅仅是一个更长的旅程的开始。每一个教育者都需要真实世界的反馈，以了解哪些努力是有效的，哪些是无效的。比尔·盖茨在 2013 年的 TED 演讲中提出，美国拿 50 亿美元能做的最好的投资，就是为教师构建反馈系统。[198] 为了使反馈有效，该系统可以专注于两个因素：动力和摩擦。

动力与摩擦

牛顿第一运动定律指出，物体除非受到外力的作用，否则将一直保持运动状态。这意味着在太空中只要你有足够的时间，且一路上不碰撞任何东西，一点点的推力就能让你穿越银河系。在地球上，有很多外力，如气压、重力和摩擦力等。因此，不管你用多大的力气投球，它都会渐渐减速并停下来。

学习者接受任何教育的过程也是一样的。他们带着一定的动力出发，动力随着摩擦力和其他力的影响而逐渐减弱。如果摩擦力或其他的力大于前进的动力，学习者就会停止脚步，一切也就结束了。作为教育工作者，我们的工作是策划课程（这意味着我们所教的知识会给学生带来转变），并找出摩擦力是如何抑制前进的。掌握了这一点，我们就可以消除摩擦力、增加动力，使学生不断前进。这就引出了一个问题：摩擦产生的原因是什么？

摩擦产生的原因是什么？

阁楼和车库里四处堆积着太多未完成的目标：还未弹会的吉他、没能让你达到塑身效果的健身器械、只在斜坡上滑过3次的滑雪板、还没让你养成跑步习惯的运动鞋、从来没有用来维修过屋子的工具等。我们为什么没有实现曾经定下的目标呢？答案是，在任何情况下，应对挑战属于改变行为的一种，而改变行为本身就很困难。乔纳森·海特在他的《象与骑象人》(*The Happiness Hypothesis*)一书中提出了一个模型，用来思考我们在追求目标的过程中可能会面临的 3 个方面的摩擦，他将这个过程比喻成一个骑手骑着大象经过一条道路。

- **骑手**喜欢思考和分析，带着消极偏见做这些，几乎总是关注问题本身而不是解决方案。骑手对不确定性感到懊恼沮丧，容易变得筋疲力尽。骑手是你的理性思维，其特点是由前额叶皮层负责寻找方案、制订计划、预测未来、监测自我、区别分类和抑制动物本能。
- **大象**很容易受到惊吓，讨厌做没有立竿见影的事情。它倔强顽固，需要安慰，并且容易士气低落。它潜能无限，不知疲倦，却很难被积极地引导。大象就像你的情感思维，它是恐惧的根源，能触发身体的应激反应。消极情绪常会压抑思考能力，而积极情绪则能使大脑更具创造性。
- **路径**。即使骑手和大象相互配合，他们也必须知道该去向何方。没有明确的目的地，改变也就不会发生，因为大象倾向于走阻力最小的道路。路径就是环境，外界的刺激会让思维有意识或无意识地解读和应对世界的变化。而认知偏差等因素对行为有重要的指导作用。[199]

骑手＝理性
大象＝情感
路径＝环境

如何消除摩擦

通过这个模型我们可以看到，摩擦有 3 种形式。技术企业家萨钦·雷基在其标题为"用户摩擦的层次"的文章中将摩擦分为相互作用的摩擦（路径问题）、认知摩擦（骑手问题）和情感摩擦（大象问题）。[200] 请注意顺序的改变，前面的顺序是从骑手到大象再到路径，这个顺序是从路径到骑手再到大象。第一个顺序有助于你理解隐喻，第二个顺序是你解决问题的方式。让我们依次探索。

- **解决相互作用的摩擦问题（路径问题）**。我们生活在一个技术高速发展的时代，只要按下按键或发出语音指令，我们就能得到想要的东西。说这让我们失去了耐心是一个极为保守的说法，亚马逊的测试显示，当我们打开页面时，仅仅一秒钟的速度下降就可能导致亚马逊每年 16 亿美元的销售损失。[201] 当一名课程创建者辛辛苦苦地上完了一节课时，他可能会发现学生因为一个最小的技术挑战就放弃了这门课程，这可能令人沮丧，但这也是个好消息。从长远来看，解决用户体验方面的困难相当简单。第一步是审核学生的经历，了解任何可能产生不必要的摩擦的原因。你如果找到了，就要修复它们。正如雷基所写的："我们努力建立直观且一致的界面，以防止出现相互作用的摩擦。我们确保我们的行为指令突出明显，简化步骤，减少间隙，利用风格指南来确保我们为用户提供风格一致的体验，我们试着为用户做一切我们可以做的工作。这些只是解决相互作用的摩擦问题的一些常用技巧。"[202]

- **解决认知摩擦问题（骑手问题）**。这是关于认知负荷的问题，雷基解释说："认知负荷指的是工作记忆中使用的脑力劳动总量。当执行一项任务时，认知负荷较高就意味着存在显著的认知摩擦。然后，设计师的目标就会变成最小化认知摩擦。认知摩擦比相互作用的摩擦的涵盖范围更加广泛，因为它包含了需要脑力劳动的所有方面。"换言之，如果有什么东西让你的学生感到困惑，不管是你的指导还是你的课程，都会造成学生无法处理的认知摩擦。再次，我们要审视经验，找到重复出现的问题，找到学生参与度下降或经常出错的原因。你如果找到了它，就要把它处理好。

- **解决情绪摩擦问题（大象问题）**。我们将它放在最后，是因为它是最难解决的一类摩擦问题，它需要我们帮学生建立起坚韧的品格。这说起来容易做起来难。我们知道方法，并且也有一个明确的完成方案，但做起来并不轻松。例如，解释销售的方法相当简单，学生可以毫不费力地记下要点。但实际上，引导销售谈话，应对销售中的问题会让人感觉不好，因为谈钱可能会让人感觉不舒服。

所以我们一遍又一遍地审视我们的课程，寻找任何可以消除或减少各种摩擦的方式。正如一本书能够而且应该经历多轮修订，大多数课程必须历经多轮迭代更新。你准备好课程，将其展示给学生并测试成效。这会让你知道哪些努力是有效的，哪些是无用功，以及如何做出更好的设计。这反过来又引发了一轮新的迭代、新的反馈和新的学习体验，这个过程不断循环往复。

课程设计迭代循环

学生的成绩随着时间的推移而提高，并且你会看到在新的迭代和改进后，反馈数量在逐渐递减。你的课程已经成熟了。

终于，你创造了一门稳定的、真正具有变革性的课程。现在，在宏观层面上，我们已经涵盖了课程设计的整个过程，但是要创立一门好的课程并将其改进为一门优秀的课程，还有许多细微之处需要调整。我们将在下一章，也就是最后一章中探讨这些问题。

自我评估

你想测试一下对刚才所讨论的观点的理解吗？或者你想与感兴趣的朋友和同事一起讨论吗？这里有几个问题可以帮助你。

1. 成功的3个基础要素是什么？
2. 这家名为IDEO的创新设计公司采用了名为"设计思维"的6步流程，它的缩写是LAUNCH，这6步分别是什么？
3. "β心态"是什么意思？
4. 一门课程和一本书有什么相似之处？
5. 哪两个因素会削弱学习者的动力？
6. 即使有了最好的意图，学习者也可能失去动力，无法完成一门课程。教育者如何做才能使他们的学生不断前进？
7. 在乔纳森·海特对行为改变的比喻中，骑手、大象和路径分别代表什么？
8. 根据萨钦·雷基的说法，3种摩擦形式分别是什么？

9. 举例说明课程设计者是如何消除或减少相互作用的摩擦问题（路径问题）的。
10. "认知负荷"是什么意思？
11. 当你的学生遇到一些令人困惑的事情时，他们会有什么表现？
12. 哪种摩擦问题最难解决？
13. 教师如何利用迭代循环模式来创造更好的课程？

如果你想深入了解本章的内容，这里有一些好书供你参考：

- 杰夫·科布的《领导学习革命》
- A. J. 朱利安尼和约翰·斯宾塞的《为学生赋能》(*Empower*)
- 我自己的《教育与致富》

10

杠杆式学习的 6 个层次

顶尖的厨师都知道，所有菜肴的风味都可以被归结为 5 种最基本的味道：甜、酸、苦、咸和鲜。同样，每一次学习经历都是 6 种不同要素的合成产物，它们环环相扣，分别是：学习内容、有效行为、授课方式、用户体验、责任感和支持。我们来依次对它们进行仔细研究。

学习内容：教些什么内容才能帮学生实现他们的目标

杠杆式学习的基础层面是传递知识内容，因此，斯宾塞和朱利安尼的 LAUNCH 模式是建立在深度理解问题且目标明确，进而努力实现的基础之上的。

弗吉尼亚大学教学资源中心副教授兼副主任迈克尔·帕尔默创建了叫作"课程设计学院"的项目，目的在于帮助教授更好地设计课程。奇普·希思和丹·希思在其著作《行为设计学》中叙述了"向后一体化设计"的基础练习对课程规划的作用。

在课程设计学院开学的第一天下午,帕尔默介绍了一个名为"梦想练习"的活动,这个活动的灵感来自 L. 迪·芬克的《创造有意义的学习经验》(Creating Significant Learning Experiences)一书。他向 25~30 位教授听众提出了以下问题:"想象一下,你有一群理想的学生。他们全神贯注,表现出众,记忆力惊人。请补充下面的句子,3~5 年后,我的学生还知道……或者他们仍然能够做到……或者他们仍然能从……中找到价值。"[203]

> 我们在思想上必须以终为始。

在向已故的史蒂芬·柯维致敬的同时,我们在思想上必须以终为始,清楚地描述出我们希望学生知道什么、感受什么和做什么。这是由马乔里·瓦伊和克里斯汀·索索斯基提出的几个步骤中的第一步。

1. **学习要以终为始**。确认学习成果是否对学生重要或有意义。

2. **制订评估计划**。换句话说,我们如何知道(衡量)我们的学生是否取得了成果?

3. **把评估结果作为内容的衡量标准**。为了达到这些目标,学生需要知道什么?他们需要达到什么样的程度?为了传授知识和技能,我们需要交流和分享什么?

4. **提供帮学生理解学习内容的支架**。什么样的知识和经历会使训练变得更好理解和更易掌握?要理解这一内容,你认为理所当然的但学生可能不具备的前提条件是什么?最重要的是，你能做些什么来帮助学生具备这些前提条件？

5. **狠下心来删减你的课程。**不管对哪一种创造者来说，这都实属不易。他们常常沉迷于隐喻、例子、练习和表达方式。但我们并不是要找到关于内容或课程的最佳形式，而是要找到什么对学生有帮助。在学习中，没有什么内容是完美的。每件事要么对学生的理解和成功至关重要，要么会让他们分心、困惑或不知所措。例如，托尼·马什的语言学习方法之所以如此奏效，很大一部分原因在于它省去了通常被误认为是语言核心的许多东西（即语法），侧重于流畅沟通。因此，我们要明确什么是要实现的学习目标，并听从作家威廉·福克纳的建议"杀死汝爱"——删去所有那些不能帮助学生实现目标的东西。[204]

现在我们已经知道该教什么了，那么我们准备好继续探索如何教学了吗？差不多好了，但没有完全好。课程设计过程中还有第二个重要层面需要我们进一步探索。

有效行为：学生要想成功需要做些什么

新年伊始，对更快乐、更健康生活的渴望，促使无数人开始走进健身房。这导致了健身房会员的激增。但遗憾的是，大多数人在办了会员之后再也没去过健身房。[205]同样，决定戒烟、学习弹吉他和完成注册课程的人也是如此。原因很简单：人很难改变行为。俗话说，"知而不做就是不知"。这对凭意志学习的时代的教育者提出了双重挑战：我们不仅需要设计能够让学生成功运用我们教给他们的内容的课程，而且必须设计出能**真正促使他们行动且完成全部课程的学习内容。**

> 一门课程，如果学生没有完成，或者完成了却没有贯彻，它就是没什么价值的。

一门课程，如果学生没有完成，或者完成了却没有贯彻，它就是没什么价值的。因此，杠杆式学习的第二层，就是伴随着学生走到终点的有效行为。这一点十分重要，在"每一位老师必须对每一位学生认真执行"的、有研究支持的 12 条策略中，几乎有一半涉及具体的有效行为。

1. 给学生更多的机会反思他们的学习和表现。

2. 告诉学生他们选择的学习方式从长远来看可能会损害他们的学习能力，自我检测比阅读笔记更有效。也就是说，帮助学生培养对有效学习方法的认识和理解，使他们能够掌握自己的学习进度。

3. 告诉学生睡眠对巩固记忆至关重要。

4. 告诉学生努力最重要，而神经可塑性意味着他们有能力重建大脑，使自己成为更好的学习者。

5. 告诉学生压力、恐惧和疲劳是如何通过边缘系统影响高层次的思维和记忆的。[206]

虽然这张"有效行为"表单可以无限增加，但考虑到哪些事情最有可能阻碍学生使用我们所教的内容和应用他们所学的内容，我们在这里只列出了最重要的几点。有时，有效行为非常简单且有逻辑。例如，要求学生在每周课表中留出时间来完成一些既简单又有效的课程作业。但在其他情况下，这可能涉及更多的行为。

把坚韧融入教育

坚韧在教育中的这些地方将发挥至关重要的作用。如果知道学生将遭遇挑战、挫折和沮丧，我们可以提前帮他们做好准备。我们可以简单地帮学生预测会发生什么，以及他们对此会有何感受，这样学生就会有有效的应对措施。彼得·格尔维茨的研究表明，这种"行为预加载"有着出乎意料的效果。正如奇普·希思和丹·希思所述：

> 心理学家彼得·格尔维茨研究了这种预加载对我们行为的影响。研究表明，当人们提前做好心理准备时——如果 X 发生，我就做 Y，他们比那些缺乏心理准备的人更能坚持自我的目标。例如，一个承诺少喝酒的人可能会下定决心："每当服务员问我要不要再来一杯，我就要汽水。"这个人比那些有着相同目标但没有预先准备的人更能够拒绝喝酒。格尔维茨将这些计划称为"执行意图"，通常计划的触发点就像时间和地点一样简单，例如今天下班后，我要直接开车去健身房。这样做的成功率是惊人的。设定执行意图，让按时交作业的学生人数增加了一倍以上；让某个月内进行乳房自我检查的妇女人数增加了一倍；让接受髋关节或膝关节切换术的患者

的恢复时间少了一半（还有许多其他例子）。它在面对行为预加载时有着强大的力量。[207]

想想你的学生将面临的挑战，设计一个有效行为来帮助他们渡过难关（最好是通过观察现有的有效做法来进行设计），然后回顾你的课程，在学生需要之前让他们了解并执行这些行为。现在我们可以把注意力转到授课上了。

授课方式：知识将被如何呈现和分享

在提供高质量的教育方面，有很多方法可以用于实践。假设你想教现代经济是如何运作的，最好的选择是在大学教一门关于微观和宏观经济学的延伸课程，还是写一系列研究论文？写一篇138页的文字性叙述，[208] 录31分钟的优兔视频，[209] 甚至把在线游戏和创新性的讲解结合起来，[210] 这样就会更好地帮助到学生吗？答案将取决于具体的目标和学生。但冗长的课程和论文研究很可能并不是最好的方法。学生将得益于我们花时间打造的更加简洁的学习过程。

我们必须花时间去研究那些能够成为要学习的新内容的支架的比喻和例子，必须考虑学生需要学会的技能和达到的熟练水平。朱利安尼和斯宾塞确定了知识消费和整合的7个阶段：

1. 接触（被动消费）

2. 积极消费

3. 批判性消费（消费与批判性评估相结合，评估什么是有意义的，以及如何将其与学生已经知道的内容相结合）

4. 整理（选出哪些部分值得保留，哪些部分应该放弃）

5. 复制和修改

6. 混合应用（把学到的东西纳为己用）

7. 从头开始创建。[211]

其结果是，深入的学习、真正的理解和能力的发展都涉及学生在学习过程中的积极参与。授课形式必须是经过刻意设计的。正如瓦伊和索素斯基所说的：

> 学习不是一项观赏性的运动。如果仅仅是坐在教室里听老师讲课、记住写好的作业、说出答案，学生并不能真正有所收获。他们必须探讨所学的内容，将其写下来，并将其与过去的经历联系起来，再应用到他们的日常生活中去。真正把所学知识变成自己的一部分。[212]

找到你要使用的恰当比喻，设计你的诠释方法，然后为学生创造机会来实践和应用你教他们的东西，不管是通过活动还是测试。在练习活动方面，瓦伊和索素斯基提供了一些选择，包括讨论、写日记和博客、基于项目的学习、模拟、

> 他们必须探讨所学的内容，将其写下来，并将其与过去的经历联系起来，再应用到他们的日常生活中去。

辩论、组合、评论、进行初级或中级研究以及发表演讲等。[213]

如果学生不能立即将你所教导的内容付诸实践，那么你的工具箱中有个极好的工具，那就是形成性评估，通过它你可以对学生的理解、学习需求和进步进行评估。提供这种频繁却低风险的支持反馈有助于学生巩固和掌握所学知识。这一点得到了《可见的学习》一书作者约翰·哈蒂的支持，他对数百位学生成绩进行了元分析，发现形成性评估在815个因素中的排名高居第三。[214]

到目前为止，我们已经讨论了该教什么、如何在整个过程中支持学生，以及课程的呈现方式。现在是时候把它们打包成一个有效的用户体验了。

用户体验：学生如何掌控学习

在过去几个世纪的大部分时间里，教育形式几乎都是一样的：一位老师在教室前面给满屋子的学生讲课。当然，教师的专业知识、教学辅助设备、学生的年龄和能力，以及参考资料和笔记记录设备都有些变化。但总的来说，学生的学习形式还是进入课堂、听老师讲课、记下笔记、完成阅读和家庭作业，他们要么单独完成这些活动，要么和同龄人一起完成。

然而，在过去的几十年里，情况以令人眩晕的速度发生着变化。学生可以待在教室里学习，也可以坐在家里的电脑前上课,甚至在外面慢跑时,也可以通过耳机收听学习内容。教师可以实时授课,也可以使用提前几周或几年录制好的视频或音频。学生可以亲临现场相互协作,也可以使用电话、Slack之类的消息工具,或Skype或Zoom之类的视频会议工具来完成合作。他们可以阅读书籍和文章、观看视频、听录音,甚至可以在虚拟现实或增强现实中学习。学生可能是精通所有这些技术的数字原住民,也可能是对所有这些技术感到困惑的婴儿潮一代,或介于两者之间。老师同样如此。

驾驭这一领域是颇具挑战性的,这里有两大原因。首先是技术问题,形势不断变化,教师会感觉自己好像在不断地追赶技术的进步。通常,他们需要使用各种成熟度不同的工具,使用过程可能会很顺利,也可能会遇到困难。但这个问题会随着时间的推移而消失。作为本书研究的一部分,我采访了学习专家乔纳森·利维,他说:"2018年的在线学习就相当于2001年的互联网。这只是一个时间问题,在未来,我们会通过瞳孔运动和扩张跟踪衡量学生的参与度,用心电图来衡量学习效果等。"无论一项技术走得有多远,我们都可以确信,随着技术的成熟,它的用户体验将更加轻松便捷。所以我们要尽最大的努力,随着时间的推移,我们会取得更好的成效。

更大的挑战是参考标准,它会蒙蔽我们的思维,我们甚至不知道它是否存在。有个例子可以很好地说明这一点。许多北美的教育者都默认,一个老师能够应付25个学生。这个数字从何而来?令人惊讶的是,答案是它来自12世纪的犹太学者迈蒙尼德做的一个决定（顺便提一句，他教授学生诵读《妥拉》、研究《塔木德》。可即使在12世纪，容纳25人的教室也不符合传统）。课程创建者必须格外警惕这两类盲区。

实时和面对面对比半同步和在线

我们仍然把在线教育和半同步教育设计得和实时真人上课一样。这就相当于我们创造了一个视角有限的真人课堂，这并非绝佳的学习体验。现代教育的半同步性和在线性使以下几个特点成为可能。

- 不同技能和经验水平的学生可以同时通过自适应的学习路径，在"选择自己的冒险"的课程结构中学习。
- 课程不必卡在45分钟、60分钟或90分钟，也不必每周授课。基于教学材料来进行匹配，任意课堂时长都是可行的。只要对学生有利，并且基于他们要完成的任务，任何课程速度都是可取的。
- 每个学生不必以同样的方式上课。学生可以看视频、听音频、阅读文本，也可以结合多种方式进行学习。

计算机桌面和意图性对比移动设备和间断性

这是一个新的盲区，同样充满挑战。当我们思考数字化时，我们首先会想到计算机，这是一个非常过时的假设。互联网上的大部分流量都来自移动设备，而非计算机。[215] 这不仅仅是屏幕上的差异，还是消费模式上的不同。在使用计算机时，我们通常坐在办公桌旁，专注于我们想做的事情（比如写一本书）。在使用移动设备时，我们通常处于移动状态，我们的注意力分散在屏幕上的内容和我们短暂离开要处理的内容之间。

> 这不仅仅是屏幕上的差异，还是消费模式上的不同。

丹·平克曾将内容的获取方式分为两大类：意图性的和间断性的。[216] 以看电视为例，意图性的内容是你在家里，坐在沙发上，在配偶身边，膝盖上放着一碗爆米花时等待看的东西。另一方面，间断性的内容是你在杂货店排队、在机场候机楼等候时或在星巴克消磨时间时，在 5 分钟、10 分钟和 15 分钟的间隔时所观看的内容。

这对学习是影响深远的，有些学习内容属于意图性的，例如模块最后的作业。此外，有些内容很容易被分开吸收，比如可以分 4 次听的演讲。作为教师，我们必须意识到这一切，并在设计课程时将之考虑进去。

责任感：什么让你不忘初心

2010 年 9 月 5 日，我和 21 000 名参赛者一起站在蒙特利尔马拉松的起跑线上。那是风和日丽的一天，当起跑的哨声响起，我们都很兴奋。我以轻快的步伐奔跑着，享受着新鲜的空气,并在开始的里程标志处与志愿者们击掌庆祝。

然后我开始感到疲倦。选手之间的距离随着最初速度上的微小差异逐渐拉开,到后来则产生了更大的差距。我发现我的训练时间和强度都没有达到我应该达到的水平,我感觉到体力不支。但我仍旧奋力前行,时而跑步,时而走路,但总归是向前迈进的。在20英里处,我感到精疲力竭了,一股突如其来的疲劳感在比赛快结束时袭来,眼看就要把我压垮了。我只是坚持着,一瘸一拐地走过终点线,完成了并不出彩的6个小时。一路上的很多时候,我都想放弃。赛程很长,我疲惫不堪,腿也肿胀酸痛,放弃简直再容易不过了。可我为什么还要继续呢?

一部分原因是对自己的承诺,一部分原因是我周围所有选手的影响,还有一部分原因是对所有知道我参加马拉松比赛的朋友的承诺。如果我告诉他们我放弃了,这显然是一个非常丧气的举动。但是最重要的原因是:我和我当时的女朋友,也就是现在的妻子,一起参加了比赛!这让可能改变行为的潜在挑战变得微不足道。换句话说,这抵消了双曲贴现的影响。

双曲贴现的挑战

丹尼尔·卡尼曼于1934年出生于特拉维夫市,当时他的母亲正在当地探亲。他在法国巴黎长大,二战的大部分时间都在躲避纳粹。战后,在1948年,在以色列国建立之前,他的家人搬到了英国管制下的巴勒斯坦。他后来在耶路撒冷的希伯来大学学习心理学，然后在加州大学伯克利分校获得了硕士和博士学位。

1977年对于卡尼曼是很关键的一年。那一年，他和阿莫斯·特沃斯基一起担任斯坦福大学行为科学高级研究中心的研究员，同时一名年轻的经济学家理查德·泰勒也在此做访问教授。他们激发了卡尼曼对行为心理学这一新兴领域的兴趣，最终引导他做出了创新性的成果并因此获得了诺贝尔经济学奖，这些都记录在他的优秀著作《思考，快与慢》（*Thinking, Fast and Slow*）中。他的研究核心是人类行为中明显非理性的奇怪表现，这是各种认知偏见所导致的结果。双曲贴现就是这样一种认知偏差，也是责任感在课程设计中如此重要的根本原因。

双曲贴现本质上是指我们更重视眼前所得，而不是等待未来更有价值的收获。例如，如果在今天的10美元和明天的11美元之间做选择，大多数人会选择11美元。但如果在今天的10美元和明年的11美元之间选择，大多数人都会选择今天的10美元。这也是"一鸟在手胜过双鸟在林"的逻辑。

双曲贴现是完成课程作业、马拉松比赛以及几乎所有我们想做的并知晓对自身有益的事情的阻碍的根源：好处在遥远的未来，消耗的却是现在。我很乐意明年完成马拉松，但现在我想放弃。我愿意明天早早睡觉，但现在我想再看几集《权力的游戏》。我们并不擅长在当前的感受之下，选出真正想要的东西。

责任感之所以重要，是因为它可以通过增加快乐和痛苦，来抵消双曲贴现的影响，从而迫使我们立即选出真正想要的东西。当然，我的确体力透支，想退出比赛，但是我也很享受与朋友的相互陪伴。另外，比起放弃对女朋友的情感的痛苦，我这点儿腿上的肉体痛苦简直不值一提！

责任感以及提供责任感的团体，是推动我们朝目标前进的最重要的动力之一。在教育从强制驱动转向意志驱动的过程中，缺乏责任感和周密的安排是最大的困难之一。假如我可以选择在一周中的任何一天、一年中的任何一周、下一个10年中的任何一年观看课程视频和写作业，我永远做不成这事的可能性就会大大增加。教育者有义务帮学生在学习过程中建立起作为学生的责任感。有两种简单的方法可以做到，那就是强制将选择数量减至最小和提高风险成本。

强制将选择数量减至最小。有时候，最简单的解决办法就是取消一些额外的选择。在课程中加入一些固定安排，每个人都在特定时间开始，在截止日期前完成，一起完成课程对完成率有显著影响，就像赛斯·高汀的altMBA的研修班[217]和我自己的公司Mirasee免费的商业启动训练营一样。

提高风险成本。这其实隐含在前面的建议中（例如，错过最后期限，你就要承担一定的后果），但是这种做法可以被提升到一个全新的水平。一个极端的例子是签订承诺合同，伊恩·艾尔斯在他的书《胡萝卜加大棒》(*Carrots and Sticks*)中说：如果你不履行承诺，你就得捐钱给你鄙视的事业。这种严厉的方法十分有效，但很难用到学生身上。值得庆幸的是，我们通常不需要过多的努力就能促使学生行动起来。例如，在我公司提供的一个项目中，如果学生错过了最后日期，他的课程入口处就会被加一个皱着眉头的表情的图标。没有明显的后果，但那张皱眉的脸足以影响学生的行为。

责任感是让学生不断进步的一种强有力的方法，但在课程设计中也要小心使用。如果学生因为技术问题而陷入困境，给予奖励或施以惩罚就足以让他们克服挑战。在解决问题的同时，彻底消除困难通常会更容易些。

支持：学生所需要的帮助和指导

1984年，教育心理学家本杰明·布鲁姆开始研究"掌握学习法"（它的意思是说，学生只有掌握好旧知识才能继续学习新知识）和一对一辅导对学生成绩的影响。他将常规课堂作为对照组；将以授课为基础并让学生使用掌握学习法的课堂作为变化组A；把使用掌握学习法和一对一辅导的课堂，作为变化组B。结果令人震惊：变化组A的表现比对照组高出一个等级，而变化组B的表现比对照组高出两个等级。

用布鲁姆的话说，"受过单独辅导的学生的平均表现高于98%的对照组学生"。这是一个真正的突破：这种方法可以帮助98%的学生表现明显高于当前

> "受过单独辅导的学生的平均表现高于98%的对照组学生。"

的平均水平。当然,该方法所面临的困难是,缺乏资金和教师来为每个学生提供一对一的辅导。统计学家用希腊字母西格玛(Σ)来表示标准偏差,这就有了被称为"布鲁姆的 2 西格玛问题":"找到一种像一对一辅导一样有效的小组教学方法。"[218]

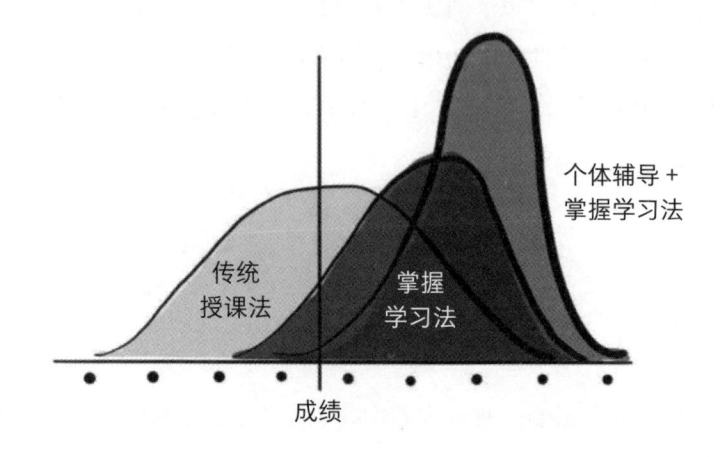

现在,技术和创造力终于汇聚到一起,解决了这个问题。正如瑞安·克雷格所写的:

> 将适应性学习与基于能力的学习相结合是在线教育的杀手级应用。学生可以按照自己的节奏追求进步。当他们在课程的形成性综合评估中表现出色时,他们会被分配以更具挑战性的学习任务。当学生遇到瓶颈时,自适应系统会放慢节奏直到他们准备充分。自适应性有助于学生建立和保持信心,带动他们持续前行。[219]

解决方案不仅仅是技术，而是技术和人力帮助的智能整合和切换。首先是以掌握为基础的教学，这意味着学生在没理解第一课之前不会进入第二课的学习。第一步是检查学生的理解和表现，并提供纠正性反馈。这不仅可以通过技术实现，还可以通过一起学习的同伴实现。正如 Coursera 的联合创始人达芙妮·科勒在其精彩的 TED 演讲中所解释的，在形式有效和管理得当的同伴反馈机制中，从同伴那儿获得的收获与从老师的反馈中获得的一样多。[220] 最好的一点就是，学生往往能从同伴反馈过程中学到更多的东西。当同伴反馈不足或持续出现问题时，学生可以寻求导师或助教的帮助。关键不是要回避人为的帮助，而在于将其应用到有可能产生最大的杠杆效应和影响力的地方。

因此，你从设计内容开始，就要对有效行动进行分级，计划好呈现形式，设计用户体验，创造责任感，并在需要时提供适时的帮助。对学生来说，这是拥有良好学习经历的秘诀，但是，教育者的工作仍未完成。

自我评估

你想测试一下自己对刚才所讨论的观点的理解吗？或者你想与感兴趣的朋友和同事一起讨论吗？这里有几个问题可以帮助你。

1. 杠杆式学习的 6 个层次是什么？
2. 确定一门课程内容的 4 个步骤是什么？
3. 研究人员发现，"行为预加载"是人们实现目标的有力途径，在设计课程时如何应用这一点呢？
4. 根据约翰·斯宾塞和 A. J. 朱利安尼的观点，知识消费和整合的 7 个阶段是什么？
5. 什么是"形成性评估"？
6. 科技正以令人目眩的速度发展，这让教育者在设计学习体验时变得盲目。课程设计者必须格外注意的两大类盲区分别是什么？
7. 丹·平克认为，内容的获取方式有哪两大类？它们之间有何不同？
8. 教育者通过哪两种方式在设计学习经历中建立责任感？
9. 根据本杰明·布鲁姆的研究，哪种干预措施让学生的成绩高于对照组（以授课为基础的课堂）两个级别？
10. 瑞安·克雷格认为，"在线教育的杀手级应用"是什么？
11. 技术和人力帮助的智能整合是什么样子的？

如果你想深入了解本章的内容，这里有一些好书供你参考：

- 朱莉·德克森的《认知设计：提升学习体验的艺术》(*Design for How People Learn*)

- 彼得·霍林斯的《持续变革》(*Make Lasting Change*)
- 马乔里·瓦伊和克里斯汀·索素斯基的《在线课程设计要点》(*Essentials of Online Course Design*)

后 记
从这里出发，我们要去向何方？

几年前，有一次我在芝加哥逗留时，有几个钟头的时间要打发。于是，我在候机楼四处闲逛，试图寻找些有趣的东西。我发现那里大多是些时尚品牌店和餐厅，但后来我发现一家摆满各式高科技小玩意儿的店铺，统一的主题是"人们可能认为很炫酷的东西"。走进店里，我发现有一些有关《星球大战》的纪念品，包括一个18英寸高的尤达仿真品，长有白发、绿色皱纹，还身穿破烂的绝地武士的长袍，看起来十分逼真。

我一走近它，它的头就微微转向我，还冲我眨了眨眼睛，用标准的尤达的口吻说："我要教你如何使用武力。"这着实很吸引眼球，而这才刚刚开始。尤达指挥着我："伸出你的胳膊来。"我犹豫了一下，不确定会发生些什么，然后才伸出手臂。尤达脚上的运动传感器立刻与它身体里的电子马达接通，内在动力把尤达向后推出了一英尺多远，就好像被我手臂的力量击倒了一样。

我第一反应是："这简直太酷了！"紧接着我的第二个想

法就是:"我一定要把它买下来!"幸好第三个想法及时制止了我的购物冲动:"丹尼,它其实毫无用处。你还要继续出差,这会是个很大的累赘。再说,你老婆肯定会杀了你的。"我也就笑笑作罢了,只把这段经历记下来,留作日后分享。

我的记忆很有可能稍微美化了这个故事,但接下来的部分绝无渲染。几分钟后,我走进男洗手间。方便过后,我加入了洗手池前的一行人,他们来回大幅度地移动着双手,试图寻找感应水龙头的准确角度和位置来启动水流。对比之下,尤达仿真品的感应器反应极为灵敏,让我一瞬间觉得自己像个绝地武士;而几步之遥外的水龙头的感应器却如此迟钝,我花了近10分钟才把手洗完。

> 未来已经来临,但分布尚不均匀。

这个故事是表现我们当代进步的一个典型例子。数码尤达"令人惊喜",而几步远处站着的一排男人却在抱怨:"你是不是在开玩笑?"未来已经来临,但分布尚不均匀。教育和学习也是如此。这对我们所有人都提出了一个重大挑战:我们正在努力建设一个更加美好的明天,但如何最大限度地利用今天我们所拥有的资源呢?

充分利用现有的教育

我很喜欢迪士尼动画片。作为一名家长,我欣赏它们在娱乐孩子和抓住大人兴趣上所取得的极好平衡;作为一名乐观主义者,我欣赏它们充满希望的视角,问题终能得到圆满的解决;作为一名教育者,我欣赏在简单故事中所蕴含的人生哲理。例如,《狮子王》中的"生命循环",老狮子王木法沙(由男中音詹姆斯·厄尔·琼斯配音)说:"你所看到的一切都存在于一个微妙的平衡中。作为国王,你需要理解这种平衡并尊重所有的生物,不管是爬行的蚂蚁还是跳跃的羚羊。"年轻的王位继承者辛巴对此感到困惑不解:"但是,爸爸,我们不是要吃羚羊的吗?"木法沙回答说:"是的,辛巴,但听我解释,当我们死后我们的身体就变成了草,羚羊又会吃草。因此,我们在生命的大循环中都是相互联系的。"

教育界也存在着类似的生命循环,3 个参与者角色分别是学习者、教师和企业。教师教育学习者,教师从企业那里获得有关劳动力需求和价值的信号,然后这些企业再雇用学习者。

下面的建议将帮助这些参与者充分利用所能获得的机会。

给学习者的建议

作为一个年轻学生或正处于职业生涯启蒙期的人，你必须进行教育投资，以掌握技能和提高就业能力，并获得更有价值的回报。为此，你要仔细考虑大学学位的信号价值（尤其是非顶尖大学）是否值得投资，不仅要考虑经济成本，还要考虑机会成本。记住，你的时间也是有价值的。如果不在学校，你做任何其他事情的机会成本估计为 54 000 美元。我们来做一个思维练习，如果你在 22 岁时，以 7% 的利率（标准普尔 500 指数长期平均最低值）投资了 54 000 美元[221]，到 65 岁时，它将增长到 80 多万美元。

与可能承担的其他成本和债务相比，你要相信这是一个完全正确的选择。

> 与其去接受传统的大学教育，你不如考虑那些成本更低、目标更集中的替代性方案。

与其去接受传统的大学教育，你不如考虑那些成本更低、目标更集中的替代性方案，例如，密涅瓦大学在关键目标指标方面提供的混合方案；MissionU 学校提供的"最后一英里"培训；找一个学徒工作或者像 Praxis 这样的项目（其口号是"学位已死，你需要经验"）；自主地通过相关的网站获得帮助；参与 Turing, Lambda, 或者 General Assembly 之类的编码训练营。这些方案给你提供的帮助会比普通的大学学位更加有用。它们大多数成本较低，有些会把你的资金投入与你未来的就业能力直接挂钩，只收取少许费用或免除前期费用，直到你毕业工作后，用工资的一部分来偿还。但总体的费用仍然比上大学的费用少得多。

如果十几岁或 20 岁出头之时，你还不确定未来到底想做什么，这也情有可原。你可以考虑休息一年，要么自己做计划，要么借助像 UnCollege 一样的结构化程序帮你做决定。要花一些时间去接触新的想法和感兴趣的领域，你可以通过在线课程、从亚马逊订购或从当地图书馆借来的书籍，轻松而廉价地做到这些。

另一个选择是做自由工作以获取经验或寻找实习和学徒岗位。你不需要上大学就可以做到这一点，而且通常最好的职位必须靠你自己独立找到。如果你想知道如何做到这一点，请看查理·霍恩的《抗衰退毕业》(*Recession-Proof Graduate*)。他的建议对在经济景气时期，从未上过大学的人十分奏效。如果你日后决定不上大学或者退学，那么你可以轻松做出决定。但多数大学都会提供休学和保留学籍的机会，在这种情况下，你就能在没有后顾之忧的情况下至少休学一到两年。例如，哈佛大学允许你随时回来。尽管有很多关于一些著名的辍学者的炒作，如比尔·盖茨和马克·扎克伯格等，但事实是，他们知道自己早晚会回来。与其跟学校彻底划清界限——"我不读了"，不如考虑一两年的"软辍学"来探索更好的选择，或许这样能让你更舒服些。

同时也要记住，你也可以将上大学作为一种兼职或者副业。如果你需要简历中有求职跟踪系统可识别的关键字，需要学位的核心信号价值，你大可申请一所大学，接受录取并选修一两门课程。毕竟大多数求职跟踪系统无法区分"在 Acme 大学获得文学学士学位"和"在 Acme 大学研修文学学士学位"之间的区别。

当然，终身学习的旅程不会因你找到第一份好工作而结束。要养成一种习惯，不断学习，保持投入。你可以参加拓展技能的课程，接受那些能挑战并拓展你思维的训练。在每一个细分市场和行业中，都

> 要养成一种习惯，不断学习，保持投入。

有不计其数的先例。对于后者，赛斯·高汀的 altMBA，我公司 Mirasee 免费的商业启动训练营（课程免费，详情请访问 LeveragedLearning.co/bib），以及拜伦·凯蒂创办的 The Work 公司提供的培训课程等都是不错的例子。

所有这些都将使你处于有利地位，让你既有竞争实力，又能全心投入。当然也只有尽心尽责的老师才能创造出让学生受益匪浅的课程。

对教师和专家的建议

作为教师和专家，你的当务之急是在专业上与时俱进、在教学上启迪学生，并在此过程中得到较好的回报。首先，要尽可能地积极参与到你的专业领域中去。阅读相关的新闻和期

刊，关注领先者的思想动态，用空余时间做一两个课题项目。如果你长期不与专业前沿信息接触，你终将被时代抛弃，这只是时间早晚的问题。

有了牢固专业的加持，你的目标就是要成为一名好教师。深度思考、发挥创意，设计出对学生最有用的课程，帮他们找到合适的支架来支撑和武装他们的大脑，以便让他们吸收一切你所教授的知识，以及帮助他们检索，快捷地获取有用的信息以备未来之需。

最重要的是，你不能仅停留于知识层面。在你的课程中你需要穿插对洞察力和坚韧品质的培养，教你的学生找到他们的人生方向的方法，教会他们已被证实的 21 世纪必备的 4C 技能：批判性思维、沟通、协作和创新。[222] 这像是在钢丝上寻找平衡，一方面要给予学生所需的东西，另一方面，不能包揽所有，要让他们自己提出问题或得出自己的结论。以图灵软件与设计学院为例，研究生贝卡·伦迪这样评价："他们给了你很多，但绝不会让你不费吹灰之力就获得。"[223]

如果其中一些建议因为你工作和教学的环境而显得不切实际，那么你可以去寻找或创造一个能让你自由创新的环境。这可能意味着你要去别处教书，或者成为一个自主创业的教育企业家。如果你选择后者，参与我的公司 Mirasee 提供的课程开发训练营（详情见 LeveragedLearning.co/cbb）会是个不错的开端。

最后，既然我们还处在网络课程和继续教育的开拓时期，我们就要竭尽所能地去寻求成功和发展。加倍努力以确保学生的成功，展开对成功案例的研究，与你所在行业的管理机构或信誉机构结盟，当你做好准备时，努力获得它们的认可。最重要的是，与利益相关者建立联系以帮助学生走上成功之路。这里的利益相关者可能是你之前的学生，但通常是企业。

对商界领导者的建议

作为一名企业领导者，你的当务之急是找到优秀的人才、留住这些员工，并培训他们，让他们创造出最佳的个人业绩和发挥自身的创新能力，培养集体的创新文化。朝着这个方向迈出的第一步是：要长期、认真地审视什么才是通向成功的真正道路，认识到大学学位并不是关键，修改你的工作岗位信息以展现真正重要的东西。你不会是第一个这么做的人。

> 学位课程成绩在招聘中毫无价值。

2015年，安永会计师事务所英国的服务机构将学位分类从招聘标准中删除，大学里的成功不足以保证工作中就会有突出的表现。[224] 同样，谷歌前人事运营主管拉斯洛·博克就公开表示，学位课程成绩在招聘中毫无价值。[225] 目前，谷歌一些团队中有高达14%的员工从未上过大学。[226]

摒弃求职跟踪系统，或者至少关闭与教育相关的筛选。当你在调整招聘流程时，你可以把更多关注点放在测评和模拟上，放在应聘者能真正给你带来什么上。安永这样做的时候，新员工的多样性增加了10%。[227]

最重要的是，要通过发展学习能力、不断成长进步来培养那些真正重要的东西。关于这个话题的好书比比皆是，从丹尼尔·科伊尔的《文化密码》(The Culture Code)到罗恩·弗里德曼的《最佳工作场景》(The Best Place to Work)，再到拉斯洛·博克的《重新定义团队》(Work Rule!)，还有帕特里克·兰西奥尼的《优势》(The Advantage)等。你可以请这些作者到你的团队中进行演讲和分享，帕特里克·兰西奥尼的圆桌集团公司(Table Group)也提供团队发展的管理咨询。你也可以与其他供应商合作，完成对员工的培训，如心灵健身房(Mind Gym)、职业道德发展中心和我的公司 Mirasee（专注于帮你培养员工的战略思维能力以及帮你创建自己的内部培训，详情请访问 LeveragedLearning.co/business）。

最重要的是，要记住，人才的类型多种多样，你几十年前所获得的学位的价值与现在高等学校所颁发的学位的价值可能相去甚远。作为一个企业领导，你的工作是采取行动，带领着你的团队迈向未来。以上就是如何做到这些的方法。

每个人真正的"黄金门票"

在我们这个时代，最具智慧和灵感的代表之一就是 TED 年度大会。这些会议原本是为最独特、最稀有的与会者准备的（这些人也是会议的参与者），而现在有超过 1 000 个 10 到 20 分钟的主题演讲可在线免费收看。所以，如果你想获得动力，想变得更加积极乐观，那就花几个小时沉浸在 TED 的演讲中吧。这些演讲展现了一个充满希望和可能性的世界，通过这些演讲你会了解到，改变你的观点，你的寿命也会随之延长。[228] 你的感觉器官可以被增强，甚至可以被替换，[229] 伟大的引领者会从"为什么开始"来激发人们的行动。[230]

然后，我们合上笔记本电脑，取下耳机，回到我们的现实生活之中。这里有数百万人面临着使人衰弱的压力和焦虑，有太多的人在与残疾作斗争，商业新闻报道更多的是丑闻而不是成功。环顾周围的世界，我们不禁对 TED 视频中为我们展露的希望充满了向往，并想知道它会将我们引向何处。

> 教育弥合了我们的现实世界与理想世界之间的鸿沟。

教育弥合了我们的现实世界与理想世界之间的鸿沟。学历、债务和缺乏实质的信号都无法弥补这个鸿沟。我们需要真正的教育，它使人更智慧通达，见地更深刻，能凭借毅力跨越重重困难、进行创新，并取得成功。教育才是真正的"黄金门票"，随着它的充分发行流通，最终的赢家将是我们整个社会。

正如我在开头所写的那样，本书的每一章都可能写成一整本书，甚至好几本独立的书。我分享的许多观点都可以进一步拓展，还有很多的工作有待进一步深化和完成，这将由我们大家齐心协力一起来完成。有了学习者的创造力和奉献精神、专家和教师们的倾情投入，以及商界领袖的高瞻远瞩、远见卓识，我们才能抓住当前尚处于早期阶段的教育机会。最重要的是，它需要三者共同的勇气。我知道，有些变化会让人难以适应，有些甚至让人不寒而栗，这就像空中飞人表演一样，为了抓住下一根杆，表演者要先放弃目前的这根杆。但是，对于我们个人来说，这是获得我们期待的成功的最好方式，也是我们齐心协力、共筑美好未来的唯一方式。

写在后面
我们肩上的责任和必须抓住的机遇

2003年，我在一所顶尖大学教授我的第一门大学课程——"大众传媒中的种族与性别"，这与我10年前本科时所学习的课程非常相似。

我每周都会站在教室前面，问一些试探性的问题，希望能让我的20个学生参与进来。我讲课时会时不时地扫一眼我打印出来的笔记。当然我不会播放优兔视频（那时候还没有），也不会邀请他们用社交媒体（同样没有）完成学习。所有作业都以书面形式交上来，并由我手动评分。

15年过去了，无论是对大学生还是对我现在的成年学生来说，一切都已经发生了翻天覆地的变化。

我仍在教授基于传统课堂的高管教育课程，主要是为杜克大学福库商学院授课。但我也在网上教授高管课程，以将网络研讨会与面对面授课结合起来的"混合式学习"模式开展课程。

我在学术领域之外也开设了在线课程，从12小时的

CreativeLive 课程（内容是"把你的品牌打造成富有创造力的专业品牌"），到 35 分钟的在线课程（与《经济学人》合作完成），内容是"在职业生涯中期重塑自己"。

我为领英学习开发了十几门课程，还打造了在线课程，直接卖给我的读者，其内容从成为被认可的专家到更快地创作出高质量的内容，范围十分广泛。

简而言之，我几乎尝试了每一种现代的高级学习方法，并亲眼看到了哪些有用、哪些没用。

这就是我发现丹尼·伊尼的作品以及"杠杆式学习"的概念是如此珍贵的原因。多年来，丹尼一直是我的好朋友，也是我所知道的关于未来教育最睿智的思想家之一。

我在自己的《激活副业》（Entrepreneurial You）一书中对他进行了介绍，并在开发自己的网络课程时，一丝不苟地遵循他的建议。现在，我的在线课程已经产生了数十万美元的收益，同时还影响了数百名有才华的专业人士的生活。

我一早就同意丹尼的看法，即我们当前的教育体系是破碎的。回到 2013 年，我给《哈佛商业评论》写过一篇文章，题目是"读研究生可能不是花费 10 万美元的最佳方式"。丹尼说得很对，尽管历史上著名的常春藤联盟学校还将继续蓬勃发展，价格低廉的社区大学将继续填补目标利基市场，但中产阶级很快就会发生巨大的变化。

正如他指出的，"如果一所高校的收费与常春藤盟校比肩，但总体毕业率不理想，硕士就业率也只是中等，成功入职的毕业生也拿着很低的起薪,对于想要大学经历的人来说,即便入学是轻而易举的,这个大学经历恐怕也只是一纸空文"。

这意味着我们在过去几十年(自二战结束以来)所了解的"教育产业综合体"即将内爆。

我们面临的挑战是,作为专业人士、终身学习者、教师、教授,甚至课程的创造者,我们要如何驾驭这些未知的领域。

你在本书里读到了丹尼提出的解决方案,它们既充满智慧又富有人性关怀。很长一段时间以来,许多院校(和个别导师)都选择了那条相对容易的道路。他们继续做着以前所做的事情,榨取利润,更多地关注自己的需求或兴趣,而不是他们的学生,即他们的客户,想要或需要什么。

但那些时代已经过去了。

如果我们想要创造出有思想、素质高的公民,或者在最基本的层面上,如果我们想要让自己的工作更有效率、更具意义,那么我们就必须认真地去理解人类的行为。

那些学生,尤其是要求自己在一生中与时俱进,却工作繁忙的专业人士,如何才能学得最好呢?我们如何才能创造一个吸引人的、给力的、有效的学习环境呢?作为学习者,我们如何才能创造必要的时间和精神空间来不断更新我们的知识和能力呢?

通过阅读《杠杆式学习》这本书,你们将有能力更好地应对将要面临的、有关21世纪未来学习的核心问题。作为一名专业人士,你会理解终身学习具有不可替代的价值,这不仅是保持与时俱进的必要因素，也是在市场中保持领先的必要因素。

如果你也是一位专家和教育家，你一定深深懂得学生参与的重要性。这一点我们做得还很不够，对于某些情况，我们还需要深入探索和开发，要创造一些东西，然后让学生自己去摸索。我们必须建立起健全的学习体系——无论是虚拟的还是现实中面对面的，来帮助学生学习和成长。

如果你是一位商业领袖，那么你可能非常清楚这些问题不能一拖再拖了。随着技术和全球化的影响日益加深，我们所面临的风险是：能力欠缺的劳动力无法满足当今最紧迫的商业需求。我们不能依赖"体制"来培养我们需要的高技能人才。我们必须挽起袖子、积极参与，鼓励和激励我们的员工去接受变革性的终身学习。

丹尼在本书中所记录的变化是具有颠覆性的，其中也蕴含着一种巨大的潜力，它将在很大程度上重塑教育，使之向更好的方向发展。这是我们大家要共同承担的责任，也是我们必须抓住的机遇。

多利·克拉克

杜克大学福库商学院副教授

《深潜》(*Reinventing You*)、《脱颖而出》(*Stand Out*)、《激活副业》等书的作者

纽约

2018 年 7 月

致 谢
我们在此相聚

作为一个酷爱读书的人，我在书的结尾常常会读到非常真诚的致谢。按照惯例，作者常会说，自己绝不可能独自完成这项工作，而一本书的最终完成确实需要一大群人的努力。当读到这些段落时，我总是心想"有如此谦虚和亲切的朋友真是太好了"，因为除非你承担一个像撰写这类书这样复杂的项目，否则你根本无法理解这种荣誉有多么值得分享。

古谚语说"一群人一起才能走得远"，这真是再正确不过了。我为本书感到无比自豪，这也是所有参与者的心得体会。除了你可能不喜欢的部分，我必须将所有功劳都归功于他们。

我最感谢的是 Ruzuku 公司的首席执行官阿倍·克里斯特尔，以及我的团队成员丹尼尔·威尔、莱克西·罗德里戈、奥斯汀·米勒和丽贝卡·乔克利，他们都参与了书中关键部分的起草工作。感谢我的助理安妮·布雷布纳，她领导的研究小组不辞辛苦地审阅数万页的研究资料并做了注释。感谢我们杠杆式学习密集型课程的参与者，他们都提出了很好的问题和建议，并帮助我对书中涉及的许多主题进行了更为深入的思考。

很庆幸我能站在巨人的肩膀上写完本书，感谢所有那些我学习过和引用到的书籍，特别是那些慷慨相助的作者，他们牺牲了自己的时间，就关键性议题向我提供了他们各自的建议和看法，他们是：塞巴斯蒂安·贝利博士、瑞安·克雷格、乔希·戴维斯、B.J.福格博士、丹尼尔·马科斯、乔纳森·利维和史蒂夫·罗宾斯。

我还要特别感谢戴夫·拉克哈尼的帮助和指导，以及罗希特·巴尔加瓦在IdeaPress对本书从概念到最终成品的精心指导。我还要感谢米奇·乔尔和多利·克拉克，是他们慷慨地帮我撰写了本书的推荐文章。

最重要的是，我要感谢我的家人。布米，你是我的伴侣，也是我工作中的伙伴。当我关在地下室或酒店房间里打草稿的时候，是你帮我收拾了这么多的烂摊子，对此我真是感激不尽。普里亚和迈卡，你们比任何一岁和三岁的孩子都更能理解"爸爸在工作"。现在这本书终于完成了，我很高兴能每天去日托中心接送你们。我希望，当你们准备开始探索人生的时候，爸爸缺失的这段时间将为你们每个人带来更好的教育和一个更好的世界。

注 释

前言　进步和教育的故事

1. **Beginning of modern education in Europe.** The University of Bologna was founded in 1088, the University of Paris (later associated with the Sorbonne) was founded in 1150, and the University of Oxford was founded in 1167.
2. **Beginning of modern education in America.** Harvard University was founded in 1636, Yale University was founded in 1701, and Brown University was founded in 1764.
3. **Hot jobs that didn't exist?** This list was published in a posting on the employment site Glassdoor, and includes "futuristic" jobs like virtual assistant and Lyft driver. The full list is at https://www.glassdoor.com/blog/jobs-that-didnt-exist-15-years-ago/
4. **"Recent college grads are either unemployed or underemployed."** This is based on data shared in Todd Hixon's 2014 *Forbes* article "Higher Education Is Now Ground Zero for Disruption." Full article at https://www.forbes.com/sites/toddhixon/2014/01/06/higher-education-is-now-ground-zero-for-disruption/
5. **"Only a quarter of students find themselves working in their field."** This is based on data reported by Brad Plumer in the *Washington Post*. Full article at https://www.washingtonpost.com/news/wonk/wp/2013/05/20/only-27-percent-of-college-grads-have-a-job-related-to-their-major/
6. **$30,100 of debt!** The sad but true stat is taken from the Data Dashboard of Complete College America, a nonprofit that has been collecting nationwide data since 2010. Details at https://completecollege.org/data-dashboard/
7. **Tuition rising to $130,000 per year.** These projections were noted in a 2018 *Forbes* article "How to Save For Rising Education Costs and Potentially Get a Tax Deduction." Full article at https://www.forbes.com/sites/kristinmerrick/2018/03/06/how-to-save-for-rising-education-costs-and-potentially-get-a-tax-deduction/
8. **Taking Ivy League out of the equation.** Goldman Sachs makes a case against paying for an average higher education in this 2015 CNN article: https://money.cnn.com/2015/12/09/news/economy/college-not-worth-it-goldman/
9. **STEM Jobs.** The U.S. Department of Commerce stated in their *2017 Job Update* that STEM workers earn more on average. Read the report at http://www.esa.doc.gov/sites/default/files/stem-jobs-2017-update.pdf
10. **Higher education is $1.9 trillion out of the overall $4.4 trillion education market.** The higher education market is discussed on Inside Higher Ed, a website all about the American college system, at https://www.insidehighered.

com/blogs/technology-and-learning/19-trillion-global-higher-ed-market and the overall size of the education market is reported in the *Washington Post*, at https://www.washingtonpost.com/news/answer-sheet/wp/2013/02/09/global-education-market-reaches-4-4-trillion-and-is-growing/

11. **$1.4 trillion in student debt.** This frightening statistic, which places student debt as the second largest form of debt in the United States (second only to mortgages), is shared by Ryan Craig in his book *A New U*.
12. **6.8 million Americans are looking for work.** In a 2017 article on CNN, a discrepancy was shown between the 6.8 million Americans out of jobs, and the fact America had more job openings than ever before. Full article at http://money.cnn.com/2017/06/06/news/economy/us-job-openings-6-million/index.html
13. **15% completion rates for MOOC students.** Massive Open Online Courses have the potential to provide education at large scale, yet as shown in data collected by Katy Jordan in 2015, completion percentages are very low. Read more at http://www.katyjordan.com/MOOCproject.html

第 1 章　为什么现代教育普通效果不佳、代价高昂

14. **5% of males born in 1900 held degrees.** This glance back at the history of higher ed is reported in chapter 4 of Paul Tough's best-seller *How Children Succeed*.
15. **40% of working American's have college degrees.** In an PBS Newshour article, reporters discuss how the greatest financial challenge for 18-49 year olds are facing is paying for that college degree. Read more at https://www.pbs.org/newshour/education/percentage-americans-college-degrees-rises-paying-degrees-tops-financial-challenges
16. **Academic inflation.** In a blog post by the University of Carlton, the concept of academic inflation explains why more and more people have degrees that aren't sufficient for getting a job. Read the full article at https://carleton.ca/edc/2008/thinking-about-academic-inflation-2/
17. **Lectures are ineffective.** An article by *ScienceMag* expresses that lectures aren't just boring, they are also ineffective. Students in lecture format classes are 1.5 times more likely to fail than those in active learning environments. Full article at http://www.sciencemag.org/news/2014/05/lectures-arent-just-boring-theyre-ineffective-too-study-finds
18. **What employers want.** A 2017 survey by Express Performance Professionals revealed traits that employers look for in their candidates. Having a degree is the least important factor on that list of considerations. Full data at https://www.expresspros.com/Newsroom/America-Employed/Survey-Results-What-Traits-do-Businesses-Look-for-in-New-Hires.aspx
19. **The majority of college grads have only "basic" levels of literacy.** This is addressed in chapter 1 of Kevin Carey's *The End of College*.

20. **"Failing to develop higher-order cognitive skills."** In their 2011 book *Academically Adrift*, Arum and Roksa discuss how college students are failing to develop the higher-order cognitive skills that they need to succeed.
21. **"Students fail to learn most of what they're taught."** Bryan Caplan's quote expressing that the materials universities are teaching have nothing to do with the labor market can be found in chapter 2 of his book *The Case Against Education*.
22. **In 2011, 50% of university grads under age 25 were unemployed or working in the service industry.** This sad state of affairs is discussed in chapter 2 of Ryan Craig's *College Disrupted*.
23. **In-house corporate learning centers.** The prime example is General Electric University, these in-house institutions take it upon themselves to educate their employees. This is discussed in the 2013 Boston Consulting Group report *Corporate Universities: An Engine for Human Capital*. Read more at http://image-src.bcg.com/Images/Corporate_Universities_Jul_2013_tcm9-95435.pdf
24. **Tuition growing at double the rate of inflation.** Ryan Craig continues to flesh out the discrepancy between the cost and use of a degree in chapter 2 of *College Disrupted*.
25. **"991 hours just to cover tuition!"** Also from *College Disrupted* by Ryan Craig.
26. **7 in 10 students graduate with an average of $30,100 in debt.** This is shown via 2017 statistics on the Complete College website. Learn more at https://completecollege.org/data-dashboard/
27. **Interest rates of 4.7% for undergraduate degrees,** and 6.84% for graduate degrees. This is shown via 2017 stats on the Complete College Website at https://www.accesslex.org/xblog/2017-2018-interest-rates-announced
28. **Opportunity cost estimated at another $54,000.** Also from *College Disrupted* by Ryan Craig.
29. **"Education is now priced as a luxury."** Klaus Schwab explains how a middle class job no longer guarantees a middle class lifestyle in *The Fourth Industrial Revolution*.
30. **Tuition rising to $130,000 per year.** These projections were noted in a 2018 *Forbes* article titled "How to Save For Rising Education Costs and Potentially Get a Tax Deduction." Full article at https://www.forbes.com/sites/kristinmerrick/2018/03/06/how-to-save-for-rising-education-costs-and-potentially-get-a-tax-deduction/
31. **No productivity gains, tuition to rise in perpetuity.** The 2014 *Forbes* article "Higher Education is Now Ground Zero for Disruption" quotes a previous President of Princeton University predicting that the cost of university will continue to rise. Full article at https://www.forbes.com/sites/toddhixon/2014/01/06/higher-education-is-now-ground-zero-for-disruption/#75e219ac1f89
32. **Only 20% of undergraduate student complete their degree in the set 4 years.** This shocking 2017 statistic pulled from Complete College website. More details at https://completecollege.org/data-dashboard/
33. **Overall graduation for 4-year institutions hover around 55%.** Graduation rate statistics brought to you by Ryan Craig in chapter 1 of his book *College Disrupted*.

34. **31 million Americans have some college credits but no degree.** This 2017 statistic was extracted from the Complete College website. More details at https://completecollege.org/data-dashboard/
35. **The majority of jobs come from small business.** This was reported by Steve King in a 2009 *U.S. News* article citing American Census Bureau information. Full article at https://money.usnews.com/money/blogs/outside-voices-small-business/2009/07/17/how-many-small-business-employees-are-out-there
36. **75% of recruiters use ATS technology.** This is reported by Capterra. Full data at https://www.capterra.com/recruiting-software/impact-of-recruiting-software-on-businesses
37. **"To question education is really dangerous."** Venture capitalist Peter Thiel comments in a interview for TechCrunch that it's hard break the illusion of the benefit of higher education in the U.S. Full interview at https://techcrunch.com/2011/04/10/peter-thiel-were-in-a-bubble-and-its-not-the-internet-its-higher-education/
38. **Higher education enrollment declined more than 6.5% in the last 5 years.** This statistic is shared in Adam Harris' 2018 article in *The Atlantic* titled "Here's How Education Dies." Full article at https://www.theatlantic.com/education/archive/2018/06/heres-how-higher-education-dies/561995/
39. **"Higher Education Is Now Ground Zero for Disruption."** In Todd Hixon's article for *Forbes*, he discusses the decline of higher education because there are too many things about the way they operate that don't make sense. Full article at https://www.forbes.com/sites/toddhixon/2014/01/06/higher-education-is-now-ground-zero-for-disruption/
40. **Closures, mergers, and shifts in focus.** In *The Atlantic* article "How Higher Education Dies," Adam Harris notes that the recent focus on the adult learning industry makes for a growing market. Full article at https://www.theatlantic.com/education/archive/2018/06/heres-how-higher-education-dies/561995/
41. **History of Worcestershire sauce.** Courtesy of the BBC, with more details at http://www.bbc.co.uk/ahistoryoftheworld/objects/mcraSW4BRJyBTtOMbcb6Tw
42. **How to use Worcestershire sauce.** For recipe ideas, visit https://www.thekitchn.com/5-ways-to-use-worcestershire-sauce-tips-from-the-kitchn-219380

第 2 章　"加速时代"的教育

43. **Shift Happens.** The latest version of this video produced by Karl Fisch and Scott McLeod in 2008 about the rapid change brought about by digital technology and globalization can be watched at https://www.youtube.com/watch?v=u06BXgWbGvA
44. **Education must deliver an outcome that is meaningful.** This recounted by Kevin Carey in an interview with Paul Fain on Inside Higher Ed, about his book *The End of College*. Full interview at https://www.insidehighered.com/news/2015/03/23/kevin-carey-talks-about-his-new-book-end-college

45. **"Higher education has yet to adapt."** Joseph Aoun discusses this in his book *Robot-Proof*, describing the large gap between the existing education model and the changing economy.
46. **Self-driving cars.** The mileage self-driving companies have driven is tracked at https://medium.com/self-driving-cars/miles-driven-677bda21b0f7
47. **Trends in self-driving.** Automakers who are investing in the self-driving format are noted in this *Digital Trends* article, available at https://www.digitaltrends.com/cars/history-of-self-driving-cars-milestones/
48. **90% of traffic accidents are attributed to human error.** This statistic was extracted from a 2015 article in the Stanford's Center for Internet and Society. Full article at http://cyberlaw.stanford.edu/blog/2013/12/human-error-cause-vehicle-crashes
49. **3.4 million American person-years in commute.** Christopher Ingraham shares this statistic in his *Washington Post* article, calculating that the average amount of time wasted on a commute is 26 mins. Self-driving cars could redeploy this missed time more productively. Full article at https://www.washingtonpost.com/news/wonk/wp/2016/02/25/how-much-of-your-life-youre-wasting-on-your-commute/
50. **Millions of people work in the transportation industry.** In a report by the United States Bureau of Labor Statistics, employment by major sector is predicted for year 2026. Learn more at https://www.bls.gov/emp/tables/employment-by-major-industry-sector.htm
51. **Sensors for improving dairy herd management.** Thomas Friedman discusses the future streams of sensor technology in chapter 3 of his best-seller *Thank You For Being Late*.
52. **$55 million supercomputers in 1996.** Friedman notes the rapid development of computer technology in chapter 3 of *Thank You for Being Late*.
53. **$450 Radeon HD 3870 X2 graphics card.** Gizmodo reported on the development of this ATI product in 2008. Full article at https://gizmodo.com/349588/ati-breaks-teraflop-barrier-with-radeon-hd-3870-x2-gpu
54. ***AlphaGo* beat Lee Sedol in 2016.** In 2016 a computer program called *AlphaGo* beat the top ranked Go master at the game, as reported by Christof Koch for *Scientific American* online. Read more at https://www.scientificamerican.com/article/how-the-computer-beat-the-go-master/
55. ***Libratus* beat four top poker players in 2017.** In 2017, the *Libratus* AI developed by Carnegie Mellon University, beat the top 3 ranking poker players in the world in a 20 day marathon competition, as reported on the Carnegie Mellon news blog at https://www.cmu.edu/news/stories/archives/2017/january/AI-beats-poker-pros.html
56. **$1 million per mile.** This figure was shared by David Allen, AT&T's Director of Internet of Things (IoT), on an ad that ran as part of the *Masters of Scale* podcast.
57. **Robots disrupting the labor market.** Predictions about the disruption of the labor market are made by Martin Ford in the first chapter of his book *Rise of the Robots*.

58. **Jobs pulled in different directions.** Thomas Friedman describes the four directions in which technology will pull jobs in chapter 8 of *Thank You for Being Late*.
59. **Reports predict massive job loss.** In a 2013 research paper by Carl Benedikt Frey and Michael A. Osborne titled *The Future of Employment: How Susceptible Are Jobs to Computerization?*, they predict the automation of specific current jobs in the upcoming decades. Read the full paper at https://www.oxfordmartin.ox.ac.uk/downloads/academic/The_Future_of_Employment.pdf and in a 2015 quarterly report by McKinsey & Company titled *Four Fundamentals of Workplace Automation*, authors Michael Chui, James Manyika, and Mehdi Miremadi present statistics that demonstrate how 45% of current paying jobs could be automated by machines. Full report at https://www.mckinsey.com/business-functions/digital-mckinsey/our-insights/four-fundamentals-of-workplace-automation
60. **Concern about jobs at risk.** In their 10,000 person survey, Price Waterhouse Coopers (PWC) reported on their website that 37% of workers are concerned that automation will put their jobs at risk. Read more at https://www.pwc.com/gx/en/services/people-organisation/publications/workforce-of-the-future.html
61. ***Preparing for the Future of Artificial Intelligence.*** Joseph Aoun discusses this white house report in *Robot-Proof*, the original report being available online at https://obamawhitehouse.archives.gov/sites/default/files/whitehouse_files/microsites/ostp/NSTC/preparing_for_the_future_of_ai.pdf
62. **The Budding Effect.** John Thornhill explains how the invention of the lawnmower in the 1800s by Edwin Budding sparked the later development of professional sports (that partake on fields), as part of a review of Frank, Roehrig, and Pring's book *What To Do When Machines Do Everything*. Read the review at https://www.ft.com/content/f4251416-2a76-11e7-bc4b-5528796fe35c
63. **Cynefin Framework.** In chapter 3 of *The End of Jobs*, Taylor Pearson discusses the four domains of decision-making context, as aligned with Dave Snowden's 1999 "sense-making device" research.
64. **The end of "bullshit jobs."** Historian Rutger Bregman's 2017 book, *Utopia for Realists*, is an argument for a liberal future that drives humanity forward.
65. **Children aren't being taught well.** Andrew Keen, one of the earliest authors to write about the dangers of the Internet, notes that 30% of people in senior positions have "no confidence" that schools are training capable future workers in his 2018 book *How to Fix the Future*.
66. **Teaching Psychological Freedom.** Venture capitalist Albert Wenger is homeschooling his kids, with the focus of teaching them skills that can't be replicated by a robot. As noted by Keen in *How to Fix the Future*.
67. **85% of job success comes from soft skills.** This statistic is reported in *The Soft Skills Disconnect* by the National Soft Skills Association 2015. Full article at http://www.nationalsoftskills.org/the-soft-skills-disconnect/
68. **Hire for attitude.** In a 2012 article by *Forbes* titled "Hire for Attitude," Mark Murphy discusses the attitudinal deficits that lead to workers being fired

within 18 months of being hired. Full article at https://www.forbes.com/sites/danschawbel/2012/01/23/89-of-new-hires-fail-because-of-their-attitude
69. **Work attitude and self-management skills.** Peter Cappelli, speaking about what employers are really looking for, is quoted by Ryan Craig in chapter 7 of *College Disrupted*.
70. **Business Roundtable of employers ranking the most important work skills.** Ryan Craig explains in chapter 7 of *College Disrupted* how within a list of 20 skills an employer looks for in a new hire, skills taught in a traditional school setting are very low on the list.
71. **Critical thinking vs. degree.** As noted in Minerva University's book *Building the Intentional University*, 93% of employers are more interested in their potential hires' critical thinking skills than the presence of a university degree.
72. **Work ethic tops the list.** In a report posted by Express Employment in 2017, from a cohort of 1,030 employers, work ethic and attitude was rated as the most important trait for new hires. Full report at https://www.expresspros.com/Newsroom/America-Employed/Survey-Results-What-Traits-do-Businesses-Look-for-in-New-Hires.aspx
73. **More than 80% of respondents want leadership.** Joseph Aoun in *Robot-Proof* references the *Job Outlook 2016 report from the National Association of Colleges and Employers*, which is available at http://www.naceweb.org/s11182015/employers-look-for-in-new-hires.aspx

第 3 章　不断变化的学习境况

74. **Non-synchronous education.** The history and development of open and distance learning is discussed in a 2003 blog post for Athabasca University's International Review of Open and Distributed Learning. Full article at http://www.irrodl.org/index.php/irrodl/article/view/134/214
75. **Online dating.** Today nearly 1 in 5 couples that get married met online. This is from a 2017 review of online dating statistics on Zoosk. Full article at https://www.zoosk.com/date-mix/online-dating-advice/online-dating-statistics-dating-stats-2017/
76. **Online education advantages.** Bryan Caplan discusses the financial and engagement advantages of online learning in chapter 7 of *The Case Against Education*.
77. **"As far east as we could go."** Maureen and Tony Wheeler discuss the development of their company Lonely Planet in episode #6 of Guy Raz's "How I Built This" show on National Public Radio (NPR).
78. **Learning how to learn.** Former Harvard University president Lawrence Summers is quoted by James Bradshaw in a 2018 *Globe and Mail* article, saying that everything we are learning will become obsolete in a decade. Full article at https://www.theglobeandmail.com/news/national/time-to-lead/why-university-students-need-a-well-rounded-education/article4610406/

79. **"Figure it out on a daily basis."** According to Jeff Cobb, founder of research and consulting firm Tagoras, we now live in a "figure it out on a daily basis" economy, as noted in chapter 1 of his book *Leading the Learning Revolution*.
80. **"Just-in-case" education.** As Rohit Bhargava writes in his book *Always Eat Left Handed*, we either learn things at school because its traditional, or because one day we might need to know it.
81. **Learning can no longer be isolated to just undergraduate and graduate degrees.** This is argued by Joseph Aoun in his book *Robot-Proof*.
82. **The other 50 years.** Jeff Cobb explains that learning must be spread across our entire adult lives in chapter 1 of *Leading a Learning Revolution*.
83. **Open Loop Education.** The Stanford 2025 project explores what the future of education might look like, featuring a heavy focus on lifelong learning. Read more at http://www.stanford2025.com/open-loop-university/
84. **Students over 50 are the fastest growing contributor to the student loan market.** Stories of older age demographics going back to school for a mid-life career change are depicted in the 2018 *New York Times* article *The Snake Oil of the Second-Act Industry*. Full article at https://www.nytimes.com/2018/06/22/opinion/sunday/job-training-midlife-career-change.html
85. **40% of students are 25 or older.** In his book *Robot-Proof*, Joseph Aoun cites statistics from two pages from the Institute of Education Sciences (IES) and National Center for Educational Statistics (NCES): *Fast Facts: Back to School Statistics*, available at https://nces.ed.gov/fastfacts/display.asp?id=372 and *Table 303.40: Total fall enrollment in degree-granting postsecondary institutions, by attendance status, sex, and age* (selected years 1970 through 2025), available at https://nces.ed.gov/programs/digest/d15/tables/d15_303.40.asp?current=yes
86. **Light-speed learning.** In his book *Non-Obvious*, trend curator Rohit Bhargava discusses how much learning can be accomplished in "bite-sized" modules.
87. **"Last mile" education.** Ryan Craig coins the term in his book *A New U*, to describe the training needed to bridge the gap between foundational education and a career.
88. **"Anything you learn will be obsolete within a decade."** Former Harvard University president Lawrence Summers is quoted by James Bradshaw in a 2018 *Globe and Mail* article, saying that everything we are learning will become obsolete in a decade. Full article at https://www.theglobeandmail.com/news/national/time-to-lead/why-university-students-need-a-well-rounded-education/article4610406/
89. **Experiential education.** Dr. James Stellar discusses the concept and importance of experiential education in chapter 2 of his book *Education That Works*.
90. **No one is average.** To learn more about Todd Rose's research, read his excellent book *The End of Average*.
91. **Success of Udacity.** Sebastian Thrun left Stanford to start his own MOOC, Udacity, which currently has 1.6 billion users. Read more at https://www.smithsonianmag.com/innovation/how-artificial-intelligence-can-change-higher-education-136983766/

92. **Only 7% of students actually make it to the end of a MOOC.** This point is made by Max Chafkin in his *Fast Company* article, discussing the ins and outs of Udacity. Full article at https://www.fastcompany.com/3021473/udacity-sebastian-thrun-uphill-climb

93. **MOOC completion rates max out at 15%.** This data is shared in Katy Jordan's 2015 graph plotting the percentage completed versus enrolled in a MOOCs. More data at http://www.katyjordan.com/MOOCproject.html

94. **University of Phoenix course completion rates.** Even mediocre for-profit universities have a 17% completion rate for online courses, demonstrating that there are some major flaws with the MOOC model. This point is made by Max Chafkin in his *Fast Company* article, at https://www.fastcompany.com/3021473/udacity-sebastian-thrun-uphill-climb

95. **6 years over a lifetime.** This is presented in the Stanford 2025 project on the future of education, discussing open-loop education as a shift towards a longer, but far more incremental structure. Learn more at http://www.stanford2025.com/open-loop-university/

96. **Attention Span of a Goldfish?** In an article posted on Ceros in 2015, bloggers trace the internet trail leading to origin of the "humans have a shorter attention span than goldfish". Full article at https://www.ceros.com/originals/no-dont-attention-span-goldfish/

97. **altMBA's high completion rates.** Best practice in course design are drawn from Seth Godin's altMBA program by writer Stephanie Habif. Read more at https://medium.com/behavior-design/how-to-design-an-online-course-with-a-96-completion-rate-180678117a85

第 4 章　新教育经济学

98. **At least 80% of incumbents defeated their challengers.** This statistic was extracted from a 2011 government analysis of state and federal offices. Read more at http://economics.mit.edu/files/1205

99. **The turkey.** This story is drawn from Nassim Nicholas Taleb's 2008 book *The Black Swan*.

100. **Higher education is more than 40% of the overall $4.4 trillion education market.** The higher education market is discussed on Inside Higher Ed, a website all about the American college system, at https://www.insidehighered.com/blogs/technology-and-learning/19-trillion-global-higher-ed-market and the overall size of the education market is reported in the *Washington Post*, at https://www.washingtonpost.com/news/answer-sheet/wp/2013/02/09/global-education-market-reaches-4-4-trillion-and-is-growing/

101. **2.4 million fewer students enrolled than five years ago.** Ryan Craig reports decreasing enrolment numbers in American higher education institutions in the second chapter of his book *A New U*.

102. **"Success is correlated with a professor's ability to avoid teaching."** This quote is taken about incentives directing professors to research rather than teaching comes from chapter 1 of Ryan Craig's *A New U*.
103. **The accreditation industry.** Reporting on the state of the industry that accredits higher education institutions can be found at https://thebestschools.org/degrees/accreditation-colleges-universities/
104. **"A way for the merchant elite to distinguish their sons in society."** This reminder of the elitist history of higher education comes from chapter 10 of Ryan Craig's *A New U*.
105. **Only 21 cents of every tuition dollar are actually spent on instruction!** Ryan Craig reports this astounding fact in chapter 1 of his book *A New U*.
106. **The consolidation of major accounting firms to the "big four."** To be fair, they actually consolidated down to five, and then Arthur Andersen went out of business after the Enron scandal.
107. **Median American net worth of $44,900.** This statistic (very different from the average American net worth of $301,000) is reported by Tami Luhby in her 2014 article for CNN Money, which can be read at https://money.cnn.com/2014/06/11/news/economy/middle-class-wealth/index.html
108. **A third of all course credits are in only 30 courses.** Kevin Carey discusses the limited selection of course credits at higher education institutions in chapter 7 of *The End of College*.
109. **Endowments ranging from $22 billion to $38 billion.** Harvard has $38 billion, Yale has $26 billion, University of Texas System has $23 billion, and Princeton and Stanford each have $22 billion, as reported by the United States Department of Education at https://nces.ed.gov/fastfacts/display.asp?id=73
110. **More than the GDP of Morocco or Ukraine.** GDPs are per the International Monetary Fund (IMF), as reported on Wikipedia at https://en.wikipedia.org/wiki/List_of_countries_by_GDP_(nominal)
111. **Staffing is a $428 billion industry.** In a report by Statista, the global staffing industry revenue amounted to 428 billion U.S. dollars in 2016. Read more at https://www.statista.com/topics/4412/professional-staffing-in-the-us/
112. **Venture capital funds.** A prime example is Ryan Craig's University Ventures fund, dedicated to investing in startups working on opportunities in the education space.

第 5 章　向专家学习

113. **189 channels.** In 2014 article posted on NewsWire, the Advertising & Audiences Report notes that average U.S. TV home only watches 17 channels despite having a record amount of options. Full statistics at http://www.nielsen.com/us/en/insights/news/2014/changing-channels-americans-view-just-17-channels-despite-record-number-to-choose-from.html
114. **The pace of book production.** According to the website Stuff Nobody Cares About (which is a misnomer, since I find this fascinating), there are on average 3

million books published each year. This is a stark contrast from the 9,260 books published in 1907. Full data at http://stuffnobodycaresabout.com/2012/01/31/how-many-books-were-published-100-years-ago-as-compared-to-today/

115. **130 million books in existence.** As Ben Parr wrote on Mashable, Google algorithms report there are 129,864,880 published in all of modern history. Full article at https://mashable.com/2010/08/05/number-of-books-in-the-world/
116. **15,000 books about Lincoln.** According to a 2015 Business Insider article, there are no less than 15,000 books that have been written about Abraham Lincoln in the past two centuries. Full article at http://www.businessinsider.com/best-books-on-abraham-lincoln-2015-2
117. **"Long Tail."** Chris Anderson described in his 2004 article in *Wired* magazine titled "The Long Tail" a simple concept with powerful implications. Full article at http://www.longtail.com/about.html
118. **Only 21 cents of every tuition dollar are actually spent on instruction!** Ryan Craig reports this astounding fact in chapter 1 of his book *A New U*.
119. **The effect of unbundling on revenue per student.** The consequences of the unbundling of courses from each other is discussed by Ryan Craig in chapter 6 of *College Disrupted*.

第 6 章 知识：让人们更容易学习

120. **Spanish in a Month.** You can watch Connor Grooms' documentary for free at SpanishDocumentary.com
121. **Learning Spanish in a month?** Jared Kleinert's 2015 *Forbes* article highlights Connor Grooms, a blogger who has taken on learning different skills in a month such as DJ'ing and Spanish. Full article at https://www.forbes.com/sites/jaredkleinert/2015/11/30/this-20-year-old-teaches-us-how-to-learn-anything-in-a-month/
122. **Portuguese in a Week.** You can watch this documentary for free as well, at PortugueseDocumentary.com
123. **Declarative and Procedural Memory.** Learning mechanisms that enable us to carry out our day-to-day lives are discussed in chapter 11 of *Building the Intentional University*.
124. **Sherlock's Brain Attic.** Richard B. Hoppe writes in a *New York Times* letter to the editor that Sherlock Holmes would not have been surprised to hear that the brain has limited memory capacity. Full letter at https://www.nytimes.com/1999/08/03/science/l-sherlock-s-brain-attic-886041.html
125. **Gaps in our memory.** As Benedict Carey explains in chapter 2 of *How We Learn*, our brain prunes excess information so that it can retain the necessary amount of information in its limited space.
126. **Scaffolding success.** The success of scaffolding is demonstrated through the example of impressively productive learning interventions for children below average reading level, as documented in chapter 4 of J. T. Bruer's *Schools for Thought*.

127. **The Cone of Experience.** Edgar Dale's concept of a hierarchy of experiences and their effectiveness for learning, as recorded on Wikipedia. Full entry at https://en.wikipedia.org/wiki/Edgar_Dale
128. **Associative learning.** Benedict Carey exemplifies different situations in which people are able to better recall and remember material when there is an associative trigger present in chapter 3 of *How We Learn*.
129. **Far transfer.** Howard Gardner, the famous developmental psychologist, discusses the ability to apply information to a new context in his book *The Disciplined Mind*.
130. **Application in wide range of circumstances.** The importance of helping students apply learning across different circumstances is discussed in chapter 3 of *Building the Intentional University*.
131. **"Students rarely exhibit far transfer."** Aoun discusses the skill of far transfer in *Robot-Proof*, and highlights how many studies show that students rarely exhibit this skill, citing Ambrose, Bridges, DiPietro Lovett, Norman, and Mayer's book *How Learning Works*.
132. **Scaffolding in the Minerva curriculum.** Scaffolding is a large part of the structure of the curriculum of the Minerva Schools at KGI is outlined in chapter 3 of *Building the Intentional University*.
133. **Memory Palace.** The process of creating a visual mnemonic for learning complex facts and ideas. More details at https://artofmemory.com/wiki/How_to_Build_a_Memory_Palace
134. **Repetition and the "Forgetting Curve."** Benedict Carey discusses the power of repetition to encode memory in chapter 4 of *How We Learn*.
135. **Deliberate Practice.** This process of practicing the hard parts is based on the research of K. Anders Ericsson and documented in his book *Peak*, with co-author Robert Pool. The ideas are expanded upon in many books, including *The Talent Code* by Daniel Coyle, *Deep Work* by Cal Newport, and others.
136. **Illusion of fluency.** Carey explains how there is a discrepancy between really knowing the learning material or just recognizing it to the point of fluency in chapter 5 of *How We Learn*.
137. **Passive haptic learning.** The process of providing physical stimuli and feedback to facilitate and accelerate learning is demonstrated in this fascinating YouTube video: https://www.youtube.com/watch?v=dzYAO0YFV10
138. **Spaced repetition.** A learning technique that incorporates increasing intervals of time between subsequent review of previously learned material in order to exploit the psychological spacing effect. Read more about this at https://en.wikipedia.org/wiki/Spaced_repetition

第 7 章　洞察力：当批判性思维遇见创造力

139. **Dillon Hill and Gamers Gift.** This story was recounted in the "how you built that" segment of episode #38 of Guy Raz's "How I Built This" show on National Public Radio (NPR).

140. **"Information is abundant; it's common."** This bold statement is made by George Couros in chapter 2 of his book *The Innovator's Mindset*.
141. **Cost of robotics.** Dmitry Slepov writes in his 2016 TechCrunch article about the high price of robots limiting their use in physical labor markets. Full article at https://techcrunch.com/2016/03/27/the-real-cost-of-robotics/
142. **Legal researchers being replaced by artificial intelligence.** John Markoff, writing for the *New York Times* in 2011, discusses how computer software and AI intelligence is making its way into tasks that were once exclusive to humans with decision-making skills. Full article at https://www.nytimes.com/2011/03/05/science/05legal.html
143. **Hollowing out.** Economist Paul Krugman, writing for the *New York Times* in 2011, explains that middle class medium-wage jobs have decreased while the two extremes have grown rapidly. Full article at https://www.nytimes.com/2011/03/07/opinion/07krugman.html
144. **Bad news for lawyers.** Richard Susskind explains in *The End of Lawyers?* that lawyers bill and work at high rates, but their work involves tasks of low expertise.
145. **Twice as many law school graduates as estimated job openings.** To be precise, that's 46,565 graduates vying for only 21,650 job openings. These statistics are shared by Joshua Wright in his 2014 *Forbes* article, at https://www.forbes.com/sites/emsi/2014/01/10/the-job-market-for-lawyers-side-work-on-the-rise-amid-continuing-glut-of-new-grads/
146. **Declining law school enrollment rates.** Writing for Above the Law, Staci Zaretsky writes about a rapid decline in applications to law school. Full article at https://abovethelaw.com/2013/08/law-school-applications-continue-to-tumble/
147. **"Canary in the higher education coal mine."** This quote about the legal profession comes from Ryan Craig, in chapter 2 of his book *College Disrupted*.
148. **Robot-proof education.** This segment is an encapsulation of the overall thesis of Joseph Aoun's *Robot-Proof*.
149. **The decision making antics of Alfred Sloan.** This story is recounted by Chip and Dan Heath in chapter 5 of *Decisive*.
150. **"When two men always agree, one of them is unnecessary."** William Wrigley Jr.'s famous quote was uncovered by Quote Investigator. Full article at https://quoteinvestigator.com/2015/04/04/agree/
151. **"Tell me something that's true that nobody agrees with."** Writing for *Forbes* in 2014, Robert Hof shares this advice from venture capitalist Peter Thiel to entrepreneurs. Full article at https://www.forbes.com/sites/roberthof/2014/02/27/peter-thiels-advice-to-entrepreneurs-tell-me-something-thats-true-but-nobody-agrees-with/
152. **"Our brains are challenged by novelty."** This quote comes from chapter 1 of Dr. Elkhonon Goldberg's *Creativity*.
153. **The "mere exposure" effect.** This social psychology phenomenon is described in a 2008 article on *Psychology Today*, available at https://www.psychologytoday.com/ca/blog/ulterior-motives/200811/know-me-is-me-i-mere-exposure

154. **The cost of breaking a record.** The surprising financial effort that it takes to get a record on the radio is described on music blog Making It Mag, at https://www.makinitmag.com/blog/music-101/how-much-does-it-really-cost-break-new-record-answer-might-shock-you
155. **Musicians working with Zumba.** Zumba co-founders Alberto "Beto" Perez and Alberto Perlman discuss musicians wanting to use Zumba to promote their music in episode #41 of Guy Raz's "How I Built This" show on National Public Radio (NPR).
156. **Critical thinking valued more than a university degree.** The statistic that 93% of employers value critical thinking skills over an undergraduate degree comes from chapter 3 of *Building the Intentional University*.
157. **Definition of Critical Thinking.** This comes from CriticalThinking.org. Full definition at http://www.criticalthinking.org/pages/our-conception-of-critical-thinking/411
158. **Academically adrift.** Aoun reports in *Robot-Proof* on research by Richard Arum and Josipa Roska that students are failing to acquire higher order thinking skills at university, documented in their 2011 book *Academically Adrift*.
159. **"Harvard is telling MBA students what to think."** Duff McDonald argues that the case study method, often practiced in business schools, fails to foster any higher order cognitive skills in chapter 5 of *The Golden Passport*.
160. **"Most business schools are adept at teaching respondent behavior."** Also from Duff McDonald's *The Golden Passport*.
161. **The Minerva curriculum.** The work being done at the Minerva Schools at KGI are documented in detail in the book *Building the Intentional University*.
162. **Steve Jobs' famous commencement speech to the Stanford graduating class of 2005** is immortalized on the TED website at https://www.ted.com/talks/steve_jobs_how_to_live_before_you_die
163. **Creativity comes in many shapes and sizes.** The multiple forms creativity can take are noted in chapter 1 of John Spencer and A.J. Juliani's book *Launch*.
164. **Ingredients of the creative process.** Elkhonon Goldberg discusses the varying constructs that collaborate with and foster creativity in his book *Creativity*.
165. **"It's uncomfortable to focus so intently on what you're bad at."** It is imperative to practice the parts of skills that you find most challenging, but also very difficult. Paul Tough explores this in chapter 3 of *How Children Succeed*.
166. **"Creativity is not mysterious."** Keith Sawyer explains in his book *Zig Zag* that creative people lean on routine in their day to day to foster creative behavior and output.
167. **The creative process.** Keith Sawyer breaks down the actions one can take to foster creativity, by identifying eight stages of the creative process in Zig Zag
168. **Importance of incubation.** Graham Wallas' 1926 research on the importance of incubation is documented by Benedict Carey in *How We Learn*.

第 8 章　坚韧不拔：当遭遇艰难险阻时，强者何以勇往直前

169. **College drop-out rates.** Data reporting first-year drop-out rates in the United States were collected in 2014 by the National Student Clearinghouse Research Centre. Learn more at https://nscresearchcenter.org/snapshotreport-persistenceretention22/
170. **MOOC completion rates.** In a 2015 report, Katy Jordan shares data representing completions rates of Massive Open Online Courses that shows that roughly 15% of students complete these offerings. Full report at http://www.katyjordan.com/MOOCproject.html
171. **High online course drop-out rates.** Online courses have drop-out rates in the high 80th percentile. Details at https://novoed.com/blog/1050/a-strategy-for-increasing-completion-rates/
172. **Winners also quit.** In a 2008 *New York Times* article, Seth Godin, author of *The Dip*, points out that winners quit the right things. Full article at https://www.nytimes.com/2008/08/16/business/16shortcuts.html
173. **3 Ps of Pessimism.** Positive Psychologist Martin Seligman's 3 Ps of Pessimism are outlined by the Positive Psychology Program on their website at https://positivepsychologyprogram.com/explanatory-styles-optimism/
174. **Solving malnutrition in Vietnam.** The amazing story of finding community leaders that can demonstrate what works rather than trying to solve for what doesn't is recounted by Pascale, Sternin & Sternin in *The Power of Positive Deviance*.
175. **Finding the Bright Spots.** Dan Heath, co-author of *Switch*, describes in an interview on *Fast Company* how to find "bright spots" by identifying leaders in their environment and cloning their processes. Full article at https://www.fastcompany.com/1634997/dan-heath-how-find-bright-spots
176. **Deliberate Practice.** K. Anders Ericsson explains the concept of deliberate practice in his book *Peak*. Deliberate practice can be seen as pushing yourself, or stepping out of your comfort zone in a learning context.
177. **2.5% to 3% of the population is gifted.** This is a statistical extrapolation of the definition of gifted being two standard deviations above the norm, explained by Anya Kamenetz in her 2015 NPR article about identifying and fostering gifted students in K-12 learning experiences. Full article at https://www.npr.org/sections/ed/2015/09/28/443193523/who-are-the-gifted-and-talented-and-what-do-they-need
178. **4.5% of high-school dropouts are gifted.** This statistic comes from Esra Kaskaloglu's 20003 paper *Gifted Students Who Drop Out: Who and Why: A Meta-Analytical Review of the Literature*, presented in Proceedings of the Hawaii International Conference on Education.
179. **Online course retention rates.** These figures are discussed by Papia Bawa in a 2016 academic article in Sage Journals, which can be found at http://journals.sagepub.com/doi/full/10.1177/2158244015621777

180. **"Grades reflect life skills."** In this Literature Review featuring research from the University of Chicago, grades reflect a variation of students work habits and behaviors, but also how they feel about themselves: https://files.eric.ed.gov/fulltext/ED542543.pdf
181. **"More than smarts are required for success."** This from *Schools, Skills, and Synapses* by economist James J. Heckman, who explains that having fortitude plays a big factor in being successful. Details at http://jenni.uchicago.edu/papers/Heckman_2008_EI_v46_n3.pdf
182. **High adversity with high support.** That children who experience both adversity and support also develop fortitude is discussed by Sherry and Rob Walling in *The Entrepreneur's Guide to Keeping Your Sh*t Together*.
183. **Only 4 NBA players under 5'10" since 2010.** Earl Boykins is 5'5", and Nate Robinson, Isaiah Thomas, and Kay Felder are all 5'9." Wikipedia: https://en.wikipedia.org/wiki/List_of_ shortest_players_in_National_ Basketball_Association_history
184. **4 non-cognitive factors and 4 key mindsets.** Described in chapter 9 of Whitman and Kelleher's *Neuroteach*.
185. **Nobody is gritty about everything.** Caroline Adams Miller explains in *Getting Grit* that we can only be gritty about things that we care about.
186. **Intrinsically motivated people try harder and longer.** Angela Duckworth, leading grit psychologist, discusses how intrinsic interest fosters perseverance in chapter 5 of *Grit*.
187. **Intrinsic vs. extrinsic motivation.** This tradeoff and debate is discussed in a 2004 academic essay published by School Psychology Review. Full essay at https://www.misd.net/mtss/consequences/extrinsic_rewards.pdf
188. **Three elements of mindfulness.** Psychologists Shauna Shapiro, Linda Carlson, John Astin, and Benedict Freedman discuss their three mechanisms of mindfulness in a research article printed in the Journal of Clinical Psychology in 2006. Full article at http://citeseerx.ist.psu.edu/viewdoc/download?doi=10.1.1.470.3709&rep=rep1&type=pdf
189. **WOOP Process.** Gabriele Oettingen develops a unique method to help achieve your goals in Rethinking Positive Thinking: Inside the New Science of Motivation https://www.amazon.com/ Rethinking-Positive-Thinking- Science-Motivation-ebook/dp/ B00INIXT4

第9章　设计优秀的课程

190. **Einstein was a good student.** According to this photograph of Einstein's report card from 1879, he got good grades. Full article at https://gizmodo.com/5884050/einstein-actually-had-excellent-grades
191. **Einstein's supportive mother.** Einstein's mother's supportive parenting skills had a great effect on his learning, as documented at https://www.theodysseyonline.com/strive-albert-einsteins-mother

192. **Designing the perfect shopping cart.** In a 1999 episode of ABC Nightline, design firm IDEO reinvents the classic shopping cart. Full video at https://www.youtube.com/watch?v=M66ZU2PCICM
193. **Building a better cubicle.** In a 2002 feature on CBS, the design firm IDEO is challenged to build a better cubicle. Watch the video at https://www.youtube.com/watch?v=iuzMTw37psg
194. **LAUNCH.** The acronym explaining "design thinking" is from chapter 3 of *Empower* by Spencer and Juliani.
195. ***Salvator Mundi* sold for $450 million.** The sale of Da Vinci's painting of Jesus Christ for a record $450 million is documented at https://metro.co.uk/2017/11/16/leonardo-da-vinci-portrait-of-jesus-christ-salvator-mundi-sells-for-450000000-7083091/
196. **Michelangelo was a millionaire.** In a 2002 article by the Telegraph, a study by Italy's National Institute of Renaissance Studies discusses their findings that Michelangelo denied himself of all comfort despite being a multi-millionaire in the 1500s. Full article at https://www.telegraph.co.uk/news/worldnews/europe/italy/1414836/Michelangelo-is-branded-a-multi-millionaire-miser.html
197. **The "Beta Mentality."** This concept is described by Jeff Cobb in chapter 9 of *Leading the Learning Revolution*.
198. **Every teacher needs real feedback.** Bill Gates makes a strong case for investing in teacher feedback in his 2013 TED talk, which can be watched at https://www.ted.com/talks/bill_gates_teachers_need_real_feedback
199. **Rider, elephant, path.** This metaphor was developed by Jonathan Haidt in his book *The Happiness Hypothesis*, and was later popularized by Chip and Dan Heath in *Switch*.
200. **The Hierarchy of User Friction.** This framework is presented by Sachin Rekhi, CEO of Notejoy, in his article at https://medium.com/@sachinrekhi/the-hierarchy-of-user-friction-e99113b77d78
201. **Losing $1.6 billion per second.** In an article posted on *Fast Company* in 2012, Amazon predicted that they would lose $1.6 billion in sales should their site operate even one second slower. Full article at https://www.fastcompany.com/1825005/how-one-second-could-cost-amazon-16-billion-sales
202. **Reducing interaction friction.** Also from Sachin Rekhi's "Hierarchy of User Friction" article at https://medium.com/@sachinrekhi/the-hierarchy-of-user-friction-e99113b77d78

第 10 章　杠杆式学习的 6 个层次

203. **Backward-Integrated Design.** This approach to course design is highlighted by Chip and Dan Heath in their 2017 book *The Power of Moments*.
204. **Working backwards to design courses.** This process is laid out by Vai and Sosulski in chapter 9 of *Essentials of Online Course Design*.

205. **Gym memberships.** A 2016 *USA Today* article reports that 67% of gym memberships are never put to use. Full article at https://www.usatoday.com/story/money/personalfinance/2016/04/27/your-gym-membership-good-investment/82758866/
206. **Teaching strategies.** Whitman and Kelleher propose in *Neuroteach* the top 12 research-based strategies that teachers should be implementing in their classrooms.
207. **Behavioral pre-loading.** Peter Gollwitzer's research is described by Chip and Dan Heath in *The Power of Moments*.
208. **Narrative about economics.** A great source for learning about the basics of economics is Ben Mathew's book *Economics: The Remarkable Story of How the Economy Works*.
209. **YouTube video about economics.** Ray Dalio presents a 30-minute video on the principles of economics. Full video at https://www.youtube.com/watch?v=PHeobxAIuko
210. **Economics games.** A 2012 *Forbes* article highlights education-based economics games that can teach children about world markets and exchange rates. Full article at https://www.forbes.com/sites/moneywisewomen/2012/05/01/how-online-gaming-can-teach-kids-about-the-economy/
211. **Seven stages of consumption and knowledge integration.** From Spencer and Juliani's book *Empower*.
212. **Learning is not a spectator sport.** Vai and Sosulski discuss how students need to take an active part in their learning in chapter 5 of *Essentials of Online Course Design*.
213. **Activities for students to practice.** From Vai and Sosulski, in chapter 6 of *Essentials of Online Course Design*.
214. **Meta-analysis of student achievement.** The analysis leading to the realization of the importance of formative assessment is documented in John Hattie's book *Visible Learning*.
215. **Majority of internet traffic is mobile.** Statista, the Statistics Portal, presents 2018 data that mobile internet traffic is more common than computer traffic. Details at https://www.statista.com/statistics/277125/share-of-website-traffic-coming-from-mobile-devices/
216. **Intentional vs. interstitial content.** In a 2018 article in *The Atlantic*, Daniel Pink describes two different types of content: intentional, and interstitial. Full article at https://www.theatlantic.com/technology/archive/2018/06/the-future-of-television-is-being-able-to-pick-shows-by-length/562547/
217. **Forced minimum progression in altMBA.** Stephanie Habif's article discusses how to design a course with high completion rates. Seth Godin's altMBA is a great example of these practices. Full article on https://medium.com/behavior-design/how-to-design-an-online-course-with-a-96-completion-rate-180678117a85
218. **Bloom's 2 Sigma Problem.** See Wikipedia: https://en.wikipedia.org/wiki/Bloom%27s_2_Sigma_Problem
219. **Technology and ingenuity are converging.** Ryan Craig discusses the combination

of adaptive learning with competency-based learning in online course design in chapter 5 of *College Disrupted*.

220. **Peer grading and feedback.** In her 2012 TED Talk, Coursera co-founder Daphne Koller describes how effectively administered peer grading structures can work and scale. https://www.ted.com/ talks/daphne_koller_what_we_ re_learning_ from_online_ education

后记　从这里出发，我们要去向何方？

221. **Opportunity cost of school.** Ryan Craig reports in chapter 2 of *College Disrupted* that the time invested in college equates to an opportunity cost of roughly $54,000.
222. **4 Cs: Critical Thinking, Communication, Collaboration, and Creativity.** These 21st century skills are highlighted in chapter 4 of Wojcicki and Izumi's *Moonshots in Education*.
223. **The Turing School of Software & Design.** In episode 31 of Nat Eliason's "Nat Chat" podcast, Turing alumnus Bekah Lundy describes her experience. Full episode at https://www.nateliason.com/bekah-lundy/
224. **Weak correlation between university success and job performance.** This data is shared by Ryan Craig in chapter 3 of *A New U*.
225. **"G.P.A.'s are worthless as a criteria for hiring."** As reported in a 2013 *New York Times* article, which can be read at https://www.nytimes.com/2013/06/20/business/in-head-hunting-big-data-may-not-be-such-a-big-deal.html
226. **14% of employees on some Google teams never attended college.** As reported by Ryan Craig in chapter 3 of *A New U*.
227. **Increased diversity at Ernst & Young.** The impact of alternative, skill-based hiring processes on diversity are highlighted by Ryan Craig in chapter 3 of *A New U*.
228. **Changing your perspective can extend your life.** Psychologist Kelly McGonigal discusses the surprising effects of a new perspective on stress in her 2013 TED Talk. Watch the video at https://www.ted.com/talks/kelly_mcgonigal_how_to_make_stress_your_friend
229. **Sense organs can be augmented or even replaced.** Neuroscientist David Eagleman dissects human senses; Daniel Kish, who went blind at 13 months of age, explains to his viewers how he uses echolocation to see; and Dr. Sheila Nirenberg discusses prosthetic sensory devices; watch the videos at https://www.ted.com/talks/david_eagleman_can_we_create_new_senses_for_humans, https://www.ted.com/talks/daniel_kish_how_i_use_sonar_to_navigate_the_world, and https://www.ted.com/talks/sheila_nirenberg_a_prosthetic_eye_to_treat_blindness
230. **Great leaders inspire action.** Simon Sinek, author of *Start With Why*, discusses how leadership can inspire cooperation in his 2009 TED Talk. Watch the video at https://www.ted.com/talks/simon_sinek_how_great_leaders_inspire_action